Stefan v. Jankovich   ICH WAR KLINISCH TOT

Stefan v. Jankovich

Ich war klinisch tot

Der Tod:
Mein schönstes Erlebnis

DREI EICHEN VERLAG

Sie finden uns jetzt auch im Internet unter
www.drei-eichen.de

1. Auflage, 1.– 5. Tausend 1984
2. Auflage, 6.–15. Tausend 1985
3. Auflage, 16.–29. Tausend 1986
4. Auflage, 30.–34. Tausend 1989
5. Auflage, 35.–39. Tausend 1991
6. Auflage, 40.–44. Tausend 1993
7. Auflage, 45.–49. Tausend 1995
8. Auflage, 50.–52. Tausend 2000

ISBN 3-7699-0488-5
Verlagsnummer: 488

Alle Rechte der deutschsprachigen Ausgaben vorbehalten!

Copyright © 1984 by Drei Eichen Verlag
© für Übersetzungen by Stefan v. Jankovich

Das Werk, einschließlich aller Teile, ist urheberrechtlich geschützt.
Jede Verwertung außerhalb der engen Grenzen des Urheberrechtsgesetzes ist ohne schriftliche Zustimmung des Verlages unzulässig und strafbar.
Das gilt insbesondere für die Vervielfältigung – auch auszugsweise – die Mikroverfilmung und die Einspeicherung und Verarbeitung in elektronischen Systemen.

Es bleibt dem Verlag vorbehalten, das gesamte Werke – oder Teile hiervon – als PDF-Datei, im HTML-Format, als Rocket e-book oder anderen Internet-Formaten zu verwerten. Jede Verwertung des vorliegenden Werkes in diesen Formaten ist ohne schriftliche Zustimmung des Verlages unzulässig und strafbar.

8. Auflage 2000

Umschlagbild: „Erde im Kosmos", Glasmosaik von Stefan v. Jankovich

Gesamtherstellung: Ebner Ulm

Inhaltsverzeichnis

Vorwort des Verlegers 6

Vorwort von E. Kübler-Ross 7

Einführung 9

Vorwort des Verfassers 13

I. Wissenswertes für den Leser 19

II. Unfallhergang 39

III. Erlebnisbericht 49

IV. Folgegedanken nach dem Unfall 65

V. Gedanken über den Sinn des Lebens 87

VI. Gedanken über ein positives Leben 109

VII. Veränderte Zustände des Ich-Bewußtseins
während des klinischen Todes 159

VIII. Gedanken über den Tod und Sterbebegleitung . 165

IX. Schlußwort 191

X. Literaturverzeichnis 195

Vorwort des Verlegers

> „Es wird aussehen, als sei ich tot;
> aber es ist nicht wahr.
> Nur mit dem Herzen kann man klar sehen,
> das Wesentliche bleibt für das Auge unsichtbar."
>
> Antoine de Saint-Exupéry

Die Auseinandersetzung mit dem Tod — in der Geschichte der Menschheit schon immer eine zentrale Thematik — gewinnt mehr und mehr an Bedeutung.
Liegt der Punkt X, das postmortale Stadium, nicht außerhalb des menschlichen Erfahrungsbereiches, dem die Möglichkeit eines bewußten Erlebens verwehrt ist?
Unabhängig voneinander boten mir zwei Autoren meines Verlages ein Manuskript an, das eben dieses Thema zum Inhalt hat. Der Autor beschreibt seine eigenen Erlebnisse zwischen dem Aussetzen des Herzschlages während eines Autounfalles bis zur Wiederbelebung und zieht daraus die Konsequenzen — Konsequenzen, die nur einer ziehen kann, der den Tod selbst erlebt hat und nun gezwungen ist, sich der Herausforderung eines „neuen" Lebens zu stellen.
Die Beschreibung seiner Empfindungen zwischen Leben und Tod, während sich Ärzte und Helfer um seinen Körper bemühten, dürfte wohl einzigartig sein.
Für eine konkrete Auseinandersetzung mit der *Erfahrung des Todes* soll dieses Buch Anreiz sein.

Manuel Kissener, München im September 1984

Vorwort von Dr. E. Kübler-Ross

Stefan v. Jankovich gehört zu jenen Menschen, die plötzlich und unerwartet einen schweren Unfall erlitten. Dabei hatte er, im klinisch toten Zustand, seltsame Erlebnisse. Diese haben auf sein Leben einen tiefen Eindruck hinterlassen, die ihn bewogen, seine Lebensauffassung gänzlich zu ändern.
In seinem Buch „Ich war klinisch tot" werden Hintergründe, Persönlichkeit und Lebenseinstellung des Autors vor und nach seinem Unfall geschildert. Dabei wird deutlich, daß sich aufgrund dieses Unfalles und der damit verbundenen Erlebnisse und Erfahrungen nicht nur das Verhalten im Alltag mit all seiner Problematik, sondern auch die lebensphilosophische Richtung dieses Mannes geändert haben.
Ich bin Stefan v. Jankovich während eines meiner Workshops begegnet. Wir stellten fest, daß seine Meinung von Tod und Sterben mit meinen Forschungen übereinstimmt. Die Workshop-Teilnehmer, unter ihnen Fachleute und Mediziner, hatten die Möglichkeit, ihm Fragen zu stellen; sie erhielten eindrucksvolle, direkte Antworten über das Phänomen TOD.
Er, als technisch gebildeter, intelligenter Mensch, gepaart mit Wissensneugier, versuchte intellektuell zu verstehen, was mit ihm passierte. Als nächstes wertete er seine Erlebnisse aus und suchte diese in sein eigenes Denkmodell einzuordnen. Menschen, die ähnliche Erlebnisse hatten, stimmen zwar nicht allen seinen Deutungen zu, aber dies ist wirklich ein zweitrangiges Problem. Wichtig ist, daß er eine zuverlässige, klare und nüchterne Beschreibung des Ereignisses und seiner Erlebnisse präsentiert.
Bezeichnend ist, daß jeder Mensch, der todesnahe Erfahrungen hatte und damit außerhalb der physischen Bewußtseinsebene spirituelle Wahrnehmungen erlebte, dem klaren, intensiven „Licht" begegnete. So war es auch bei ihm. Alles, was mit ihm

und um ihn während des klinisch toten Zustandes geschah, empfand er als physische Realität des Lebens, obwohl sich dies bereits auf der dritten Ebene der geistigen Wahrnehmungen abspielte, die dem intellektuellen Quadranten des Menschen zuzuordnen ist.
Wie diese Wahrnehmungen, die Bilder des Lebensfilms sowie deren Reihenfolge gedeutet und verstanden werden können, hängt ab von der quantitativen Meßbarkeit der unterschiedlichen physischen, psychischen und geistigen Energien.
Da die Erfahrungen von Stefan v. Jankovich nicht die Folge einer langen Krankheit sind, können seine Wahrnehmungen nicht als Halluzinationen in einem defekten Bewußtseins- oder Unterbewußtseins-Zustand gedeutet werden. Ebenso können diese nicht als Einfluß bestimmter chemischer Mittel abgetan werden. Seine Wahrnehmungen im körperlosen Zustand wurden durch die am Unfall und Unfallort Beteiligten bestätigt, z. B. durch den Arzt, der seine Wiederbelebung herbeiführte.
Bücher, wie das vorliegende von Stefan v. Jankovich, werden vielen Menschen mit ähnlichen Erfahrungen eine Hilfe sein. Sie tragen dazu bei, die vorhandene Angst zu nehmen vor dem „Nicht verstanden werden" oder der falschen Einstufung im psychiatrischen Bereich. Im Gegenteil, sie werden ermuntern, ihre eigenen Erlebnisse gleichfalls bekannt zu machen.
Ich bin überzeugt, daß solche und ähnliche Fälle — es sind einige tausend, die wir rund um die Erde gesammelt haben von Menschen verschiedenen Alters, aus allen Kultur- und Religionskreisen — zu neuen, allgemeinen Erkenntnissen führen, die für die kommende Generation bereits zum allgemeinen Wissensgut gehören wird.
Ich hoffe, daß dieses Buch dazu beiträgt, all jenen Menschen, die bereit sind, diese Gedanken zu verstehen, die im 20. Jahrhundert vorhandene Angst vor dem Tod zu nehmen. Dafür wird dieser Bericht eine große Hilfe leisten.

Dr. Elisabeth Kübler-Ross

Einführung

Ich war schon immer ein mehr oder weniger guter Sportler, ein gesunder, ja sehr aktiver Mensch. Ich bin mit einer sehr schönen Religion aufgewachsen und mußte vieles einfach glauben. Durch diesen Glauben gab es für mich keine religiösen oder philosophischen Probleme. Ich habe mich vor allem mit dem Alltag, mit materiellen und irdischen Zielen befaßt. Es mußte erst zu einer Tragödie kommen, damit die göttlichen Kräfte in mir erwachen konnten.
Durch den großen Schock während eines Autounfalls lösten sich im klinisch toten Zustand Seele und Geist von meinem Körper. Dadurch kam ich zu der Erkenntnis, daß ich mich mit den Problemen des Lebens, der Menschen, des Todes und der Gottheit befassen muß. Ich glaube, es ist das Wichtigste im Leben eines Menschen, daß er bewußt anfängt, das Licht und die Wahrheit zu suchen. Wenn man weiß, daß man nichts weiß, und wenn man das Bedürfnis hat etwas zu erkennen, ist schon ein großer Schritt getan. Deshalb pflege ich zu sagen, daß ich am 16. 9. 1964 gestorben bin und einige Minuten später als ein neuer Mensch, mit ganz anderen Idealen, Erfahrungen und Erkenntnissen wiedergeboren wurde.
Man muß die Wahrheit in sich selbst suchen. Denn sie ist DAS, was ist, also die einzige Wirklichkeit. Gebrauchen wir wieder den vereinfachten symbolischen Namen von „Gott", dann wird es heißen: „Wo Gott ist, ist die Wahrheit." Weil Gott überall ist, findet man auch überall die Wahrheit, denn ER ist in der Luft, der Sonne, den Sternen, dem Meer, den Gebirgen, der ungarischen Pußta, in der Tiefe des Schwarzwaldes, in einem wilden Bergbach, in den Wiesen, in den Blumen, Vögeln, in den geheimnisvollen Zellen des menschlichen Körpers, den Mineralien usw.; überall ist Gott und seine Wahrheit verborgen.
Die Schulwissenschaft versucht, diese Wahrheit durch Experimente und materielle Mittel zu erforschen bzw. dieselbe in

Gesetze zu prägen. Dadurch begrenzt sie sich selbst; es fällt ihr sehr schwer, diese Schranken zu überwinden, denn sie besitzt leider nicht den notwendigen Antrieb der Geisteskraft. Sie befaßt sich lediglich mit der Materie, die mit unseren primitiven Sinnesorganen wahrgenommen werden kann, daher bleibt sie ständig der vierdimensionalen, materiellen und der zeitbegrenzten Raum-Zeit-Einheit verhaftet. Mit anderen Worten: die Schulwissenschaften bleiben im physischen, materiellen Weltprinzip und befassen sich nicht mit den höheren fünf- und sechsdimensionalen Welten. In diese höheren Regionen können wir nur ohne den Hemmschuh der Schulwissenschaften steigen, indem wir darüber nachdenken, meditieren und für uns geeignete philosophische Überlegungen und Erkenntnisse ausarbeiten und weiterentwickeln.

Dies war meine erste und größte Erkenntnis, nämlich, daß ich in mir selbst forschen mußte, weil der Göttliche Funke in meiner Seele bzw. in meinem Geist ist, und dieses Göttliche ICH in mir zeigte mir den Weg.

Je mehr ich über gewisse Probleme meditiere, um so mehr erkenne ich und gelange zum göttlichen SELBST in mir. Dazu braucht man nichts anderes als den Willen sich weiterzuentwickeln, denn in der Einsamkeit und Stille kann man diese göttliche Stimme in sich hören und somit den Inhalt der Mitteilungen auch verstehen. Ich kann mir gut vorstellen, daß dies nicht leicht ist, denn man braucht sehr viel Energie, Geduld und Zeit, um die Technik der Wahrnehmung unserer inneren Stimme zu erlernen. Ich bin glücklich, daß ich so lange im Spital liegen mußte und während dieser Zeit zum Nichtstun verurteilt war. Dort hatte ich Gelegenheit, mich ungestört mit diesen Problemen zu befassen, was für mich die Grundlage zur Weiterentwicklung war. Um die Grundfrage des Lebens mit meinem heutigen Wissen beantworten zu können, muß ich einige Prinzipien erklären, die ich aufgrund meines Todeserlebnisses und der nachfolgenden Meditationen auf meine innere Stimme erkannt habe.

So bin ich durch das Todeserlebnis zu mir selbst und zu einem positiven Leben gekommen.

„Vom Tod kann man lernen, wie man leben soll." Der Problemkreis des Lebens und des Todes ist unermeßlich groß. Eine gründliche Bearbeitung ist unmöglich. Ich beschränke mich lediglich darauf, ganz bescheiden meine Gedanken aufzuskizzieren in der Hoffnung, daß diese weitere Gedanken beim geneigten Leser hervorrufen. Positive Gedanken mögen weitere positive Gedanken erzeugen. Was die Auswertungen und philosophischen Feststellungen betrifft, haben diese nur für mich Gültigkeit. Ich erhebe keinen Anspruch auf Anerkennung, Übernahme oder Zustimmung. Sie mögen nur als Beispiel dienen, einen Weg zeigen, eine persönliche Interpretation darstellen. Der Bearbeitung meiner Erlebnisse habe ich keine definitive Religion, keine philosophische Richtung bzw. irgendein mystisch-esoterisches Gedankengut von Ost und West zugrunde gelegt. Ich habe versucht, alles von meinen Erlebnissen, die ich außerhalb der Raum-Zeit-Welt wahrnahm, abzuleiten, ganz besonders von den Erfahrungen und von der Lehre meines „Lebensfilmes".

Durch meinen Unfall wurde bei mir das Denken in Gang gesetzt und ich habe meine eigene Philosophie zur Bewältigung der Probleme dieses Erdenlebens und zum Erreichen eines harmonischen Verhaltens entwickelt. Ohne Anspruch auf allgemeine Richtigkeit möchte ich, daß meine Gedanken dem Leser als Anregung dienen, seinen eigenen Weg zur Weiterentwicklung zu finden.

WENN DAS SEHEN
   VERGESSEN IST:
WIRD DAS LICHT
   UNENDLICH REICH!
WENN DAS HÖREN VERNICHTET IST:
   SAMMELT SICH DAS HERZ
           AUF DIE EWIGEN TIEFEN!

WENN DIE SINNE DES WAHRNEHMENS
                AUFGEHOBEN SIND:

WIRD DER MENSCH FÄHIG,
   SICH VON ALLEN REIZEN DER WELT ZU LÖSEN,
   REIN, OFFEN UND VOLLSTÄNDIG
   IN
   VOLLKOMMENER EINUNG MIT DEN **ALL**,
WEIT, SCHRANKENLOS WIE EIN BELEBENDER LUFTHAUCH,
KEINEN TRENNUNGEN DES MENSCHENTUMS UNTERTAN.

                              LAO-TSE / DO.

Vorwort des Verfassers

. . . An meine Leserinnen und Leser

Erwarten Sie keine Boulevard-Sensation, keine nervenkitzelnde Beschreibung von Erlebnissen im Tod und im Jenseits eines „Verstorbenen", der „auferstanden" ist, wenn Sie dieses Buch in die Hand nehmen, nein, fassen Sie meine Ausführungen als einen Tatsachenbericht und als die Folgegedanken eines nüchtern und ehrlich denkenden Menschen auf.

Ich bin kein Guru, kein Prophet, kein Heiliger, kein Pfarrer, kein Wissenschaftler oder sonst ein außergewöhnlicher Mann, der sich unfehlbare Aussagen leisten kann. Ich bin ein einfacher Mensch — genau wie andere — ein Mensch jedoch, der einmal durch die Gnade Gottes den klinisch toten Zustand und die damit verbundenen, neuen Erkenntnisse der Seele und des Geistes, ohne die Zwangsjacke des Körpers, erleben durfte. Ich bin ein einfacher Mensch geblieben. Deshalb sind meine Aussagen keine Verkündigungen, sondern ganz persönliche, für mich erarbeitete Gedanken.

Meine Leser sollen gar nicht glauben, was ich schreibe, da ich nicht den Anspruch erhebe, die endgültige Wahrheit erkannt zu haben und ein unbeirrbarer Wegweiser oder Lehrmeister zu sein.

Glauben Sie mir nichts! — Aber eine Bitte habe ich: Nehmen Sie alles gut auf, was ich Ihnen aufrichtig als „meinen Weg" darlege. Folgen Sie meinen Gedanken und denken Sie zu Hause im stillen Kämmerlein oder nachts darüber nach. Erarbeiten Sie Ihre eigenen Gedanken und finden Sie den Weg zu Ihrer eigenen Wahrheit, weil jeder seinen eigenen Weg hat, die aber alle zu derselben Wahrheit, zu Gott, führen. Ich möchte nur Denkanstöße vermitteln, Ihre Gedanken aktivieren.

. . . Was mich betrifft

Je mehr ich denke, desto mehr komme ich zu dem Ergebnis, daß ich im Grunde nichts weiß. Alles ist die Interpretation eines ehrlich suchenden Menschen. Was ich sage, spüre oder erahne ich. Ich weiß eigentlich nichts. In der materiellen Zwangsjacke des Körpers eingeschlossen, ist es unmöglich, „das WISSEN" zu erlangen. Deshalb tappt auch die Schulwissenschaft in einer dunklen Sackgasse. Im Nebel der Unwissenheit dieser materiellen Welt wirken meine Erfahrungen und die damit verbundenen Erkenntnisse wie gelbe Nebelscheinwerfer auf mich; behutsam tasten sie meinen Weg ab, zeigen mir eine Richtung, beleuchten mir eine kurze Strecke, die vor mir liegt und die ich sonst nicht wahrgenommen hätte. So kann ich einen Weg einschlagen, einen — wenigstens im Moment — für mich gangbaren Weg. Wohin er führt? Wer weiß! Aber wir sollten immer denkend und auf die innere Stimme hörend unseren Weg gehen. Das Licht der Nebelscheinwerfer, unser göttliches ICH, wird immer wieder ein neues Stück Weg beleuchten. Intuitives Spüren, gepaart mit dem Denken, ermöglichen es, uns für das Ewige, das Allmächtige, das Licht und die Liebe zu öffnen.

. . . Warum dieses Buch?

Eigentlich wollte ich über meinen tragischen Unfall und meine Erlebnisse im klinisch toten Zustand kein Buch schreiben. Das Ganze hat so einen persönlichen Charakter, spielte sich so sehr in der innersten, privaten Sphäre ab, daß es mir undenkbar schien, diese Ereignisse für das breite Publikum zugänglich zu machen.
Zahlreich sind die Vorträge, Seminare und Workshops, in denen ich über die Erlebnisse kurz oder ausführlich berichtet habe. Meine Vorträge wurden auf Band genommen und diese dann abgeschrieben. Broschüren und vervielfältigte Schriften, wurden an Interessenten abgegeben. Doch von mir aus hätte ich

es nicht gewagt, ein Buch zu schreiben, zumal mein Fachgebiet (Architektur, Städtebau, Vorfabrikation) weit entfernt vom Thema liegt. Meine Freunde aber, die sich mit thanatologischer Forschung, Geisteswissenschaften, Parapsychologie und positiver Lebensphilosophie beschäftigen, drängten mich, alles, was ich in Verbindung mit dem Unfall zu sagen habe und sagen kann, zusammenzufassen und es als Dokumentation zu veröffentlichen.

. . . Über mein Ziel

Bereits während des Lebensfilmes fühlte ich, daß ich diese wunderbaren, noch nie gehörten und gar nicht geahnten Erlebnisse nicht für mich behalten dürfe, sondern irgendwie weitergeben mußte. Dieses Gefühl wurde immer mehr zum konkreten Gedanken und dann schließlich als Aufgabe definiert: Ich soll darüber sprechen und schreiben, die mir gegebene große Chance der Menschwerdung den Mitmenschen weitergeben und ihnen damit helfen, den eigenen Weg zur Wahrheit zu erarbeiten. Mit diesem Buch habe ich mir ein dreifaches Ziel gesetzt:
Erstens möchte ich durch die Schilderung meines Unfalls — der keineswegs ein Zufall war — dem ehrlich suchenden Menschen DENKANSTÖSSE vermitteln. Leider ist es heute so, daß unsere Umwelt versucht, uns in jeder Hinsicht zu beeinflussen, zu programmieren, zu manipulieren und uns so vom eigenen Denken abzubringen. Dank vorgefertigter Meinungen, anstelle von Tatsachen, wird für uns das Denken überflüssig. Wir brauchen nicht mehr zu denken, nur zu folgen. Dieser Weg ist sehr bequem, aber er führt in eine Sackgasse, in der wir uns, und, so kann man behaupten, die ganze Menschheit sich heute bereits befinden. Der Ausweg daraus führt über das selbständige Denken. Wir müssen vieles, was bisher als etabliert gegolten hat, neu überdenken und — symbolisch gemeint — das fest über uns gebaute Himmelsgewölbe mit dem Kopf durchstoßen.

Durch das Denken werden neue Modelle, Hypothesen und mögliche Antworten auf grundlegende Fragen erarbeitet. Denken ist nicht leicht. Es ist schwere Arbeit, ein steiler, individueller Weg für uns alle. Ich möchte das Denken als Weg vorstellen. Deshalb ist mein erstes Ziel, die Leser zum Denken anzuregen.

Zweitens möchte ich den Lesern deutlich machen, daß durch neue Eindrücke und Gedanken auch eine Wandlung in Gang gesetzt werden kann oder wird, welche uns einzeln und ganz persönlich neue Wege zur Menschwerdung zeigt und zur Motivation wird, neue Schritte zu wagen. Diese Wege führen zur Umwertung bisher gültiger geistiger und ethischer Normen im Hinblick auf das Absolute, führen zur Befreiung vom Sündensyndrom und zum Sprengen der bisherigen engen Grenzen, die durch Manipulationen dogmatischer Prägung gesteckt sind. Mein Weg ist nur für mich bestimmt und scheint mir heute der richtige zu sein. Meine Entwicklung geht weiter, aber die

Basis bleibt dieselbe. Ich möchte den Lesern meine Wandlung als Beispiel darstellen und bezeugen, daß eine Weiterentwicklung möglich und eine Wandlung nötig ist, um der Menschwerdung Schritt für Schritt auf eigenen Wegen näher zu kommen. So ist dieses Buch auch als ein Aufzeigen der möglichen geistigen Wandlungen aufzufassen. Wenn das Denken den Weg weist, dann wird durch die Entscheidung der Wille aktiviert, die Wandlung in die Richtung der Menschwerdung in Angriff zu nehmen.

Drittens möchte ich mit dokumentierten Tatsachen und geprüften, verifizierten Berichten der Erlebnisse, die nicht mit den in der materiellen Raum-Zeit-Welt operierenden schulwissenschaftlichen Methoden erklärbar sind, der Forschung zur Verfügung stehen. Meine Aussagen beinhalten sehr viel Neues und Unerklärliches. Dies könnte eine Quelle neuer Erkenntnisse sein, die materielle Welt-Realität mit nichtmateriellen Realitäten zu verbinden und den Menschen als Ganzheit zu erfassen. Der Bericht könnte auch statistisch erfaßt und mit anderen „Fällen" verglichen und verarbeitet werden. Die statistische Methode als anerkanntes wissenschaftliches Mittel scheint mir sehr wichtig zu sein, denn durch das Gesetz der großen Zahlen werden solche Erlebnisberichte wie der meine immer glaubwürdiger. Auch die Forschung wird immer mehr verpflichtet, neue Wege zu wagen. Dadurch werden neue übermaterielle Zusammenhänge entdeckt und Geheimnisse gelüftet, die den Menschen neue Perspektiven ermöglichen. Ich halte es für ebenso wichtig, daß die Aussagen sehr genau analysiert werden, damit neue Konsequenzen in der Medizin, Psychologie und der positiven Lebensphilosophie gezogen werden können. In diesem Sinne möchte ich das Buch als Quelle für die thanatologische Forschung anbieten. Denn nur durch das bessere Verständnis des Todes können wir zu besserem Verständnis für das Leben gelangen.

Um diese drei von mir gesteckten Ziele zu erreichen, komme ich dem Wunsch entgegen, ein Buch über meinen Unfall, meine Erlebnisse im klinisch toten Zustand und meine Wandlung zu schreiben.

I. Wissenswertes für den Leser

Wer war ich?

Ich bin in einer gutbürgerlichen Familie in Budapest im Zeichen des Wassermanns und mit dem Aszendent Waage auf die Welt gekommen. Meine jüngere Schwester und ich wurden von meinen Eltern liebevoll umsorgt und streng katholisch erzogen. Weil mein Vater vor dem Ersten Weltkrieg ein berühmter Leichtathlet war, interessierten mich alle Sportarten, und sportliche Leistungen und Siege waren mein höchstes Ziel. Meine Mutter war Kunstmalerin und stammte aus einer bekannten Architektenfamilie (ihr Vater war ebenfalls Künstler und Architekt). So gehörte auch diese Welt in meine Kindheit. Diese Eindrücke prägten dann auch meinen Werdegang: Ich studierte in Budapest, München und London Architektur und diplomierte als solcher. Daneben betrieb ich viel Sport und pflegte als Hobby auch die verschiedenen Arten von Malerei. Dank Pflichtbewußtsein und Einsatz war ich in der Schule immer sehr gut. Die technischen Studien bestimmten meine Denkart. Der Umgang mit Realitäten wie Zahlen, geometrischen und physikalischen Gesetzen wurde mein Weg. Bereits kurz nach dem Zweiten Weltkrieg, noch ganz am Anfang meiner Karriere, hatte ich in Ungarn als Architekt schöne Erfolge. In der Zeit nach der, mit sowjetischer Hilfe vollbrachten, putschartigen Machtübernahme durch die Kommunisten, habe ich mich an die ehemals sehr berühmte Technische Hochschule zurückgezogen, an der ich als Assistent und später als Dozent für Städtebau und Raumplanung wirkte. Im Herbst 1956 spielte ich mit meinen Studenten beim Ausbruch der ungarischen Revolution am 22. Oktober und im anschließenden Freiheitskampf eine entscheidende Rolle. Nach der gnadenlosen Unterdrückung der Revolution durch die sowjetische Invasionsarmee flüchtete ich mit meiner Familie in den Westen, wählte die Schweiz als neue Heimat und ließ mich in Zürich als Flüchtling nieder. Hier arbeitete ich wieder als Angestellter in berühmten Architekturbüros, bis ich im Januar 1960 mein eigenes Büro eröffnete. Mit viel Wille und Einsatz konnte ich die schwere Zeit der Eingliederung überstehen, und schließlich begann der Stern meiner Karriere wieder zu steigen.

Aber dann kam mein Unfall, der buchstäblich meine wachsende Karriere entzweibrach und mir den Boden der Existenz unter den Füßen nahm. Ich verlor praktisch wieder alles. Vorher war ich auch ein Vollblut-Sportler, mehrfacher Sieger von nationalen und internationalen Wettkämpfen und Meisterschaften, was jetzt ebenfalls abrupt zu Ende war.

Meine Einstellung vor dem Unfall

Da ich in meinem Beruf als Architekt, als Kaufmann, im Sport und auf dem gesellschaftlichen Parkett ein überdurchschnittlich erfolgreicher Mensch war, entwickelte ich mich sehr Ichbezogen. Geprägt vom Leistungsgedanken waren der Erfolg, die Anerkennung, das Geld, der Wohlstand und Vergnügungen meine hochgesteckten Ziele. Ich war — äußerlich gesehen — ein guter, tüchtiger, erfolgreicher Mann, der aber nur in irdischen Sphären lebte und seine Ziele nach irdischen Idealen ausgerichtet hatte.

Diese Umstände sind deshalb so wichtig, weil sie beweisen, daß ich nicht für überirdische Erlebnisse „vorprogrammiert" war. Bei der Bewertung und Aufarbeitung der Erlebnisse im klinisch toten Zustand waren die folgenden Umstände sehr wichtig, weil dadurch meine Objektivität bestätigt wurde.

a) Ich war ein realistisch denkender Techniker, für den nur Tatsachen zählten, der nicht an Märchen glaubte, der alles mit wissenschaftlichen Denkmethoden prüfte und in allen Phänomenen die kausale Ursache suchte, der alles auswertete und ordnete und in allem Gesetzmäßigkeit suchte. Was nicht auf der irdisch-materiellen Realität basierte, galt mir nichts.

b) Ich wurde als Kind streng katholisch erzogen. Als ich aber nach der Matura ins selbständige Leben hinausging, wurde diese Religiosität, von mehr oder weniger kindlicher Prägung, von der starken Aktivität im irdischen Alltag verdrängt. Die Überlebensprobleme im Krieg und der ständige Kampf um die Existenz hatten die Präsenz Gottes auf ein nicht realistisches Nebengeleise gestellt. Ich lebte, ohne zu beten, zu meditieren oder in die Kirche zu gehen. Ich war nicht religiös gestimmt. Deshalb war das Erlebnis Gottes für mich eine große Überraschung.

c) Ich habe mich vor meinem Unfalltod nie mit Problemen außerhalb der irdischen, materiellen Realität befaßt. Ich lebte das Erdenleben sehr intensiv und in allen Sparten erfolgreich. Ich war für außersinnliche Wahrnehmungen nicht vorprogrammiert.

d) Ich war nie durch irgendeine Art von dogmatischer, ideologischer, philosophischer, parapsychologischer Theorie östlicher oder westlicher Prägung beeinflußt. Ich habe mich nicht mit den Problemen von Gott, Jenseits, Tod, was bin ich, usw. befaßt. Ich hatte vorher nichts über solche Erlebnisse im Tod gelesen oder gehört. Was ich feststellte, war alles neu für mich. Ich empfand alles spontan und echt. Deshalb war es ein Schock für mich, mit einer anderen Realität konfrontiert zu werden.

Meine Erlebnisberichte als Quelle

a) Ich war durch meine Erlebnisse so stark beeindruckt, daß ich sofort versuchte, alles zu fixieren. Deshalb begann ich, alles auf Tonband zu diktieren. Damit versuchte ich, meine

Erlebnisse möglichst wahrheitsgetreu festzuhalten. Ich kann es nicht genau erklären, warum das Bedürfnis bei mir so groß war, daß ich, von Kopf bis Fuß in Gipsbandagen, mit großen Schmerzen, bis zur Erschöpfung diktierte und diktierte. Ich habe wohl einfach gespürt, daß ich alle diese Schwierigkeiten auf mich nehmen mußte, um die Fülle von Erlebnissen, oder mindestens so viel wie möglich davon, schnellstens festzuhalten, bevor alles wieder ins Unterbewußtsein versinkt und damit in Vergessenheit gerät. Neben dem Diktat habe ich auch versucht, durch Wiederholung gewisse Erinnerungen im Gedächtnis einzuprägen, um später, als ich es wieder konnte, Aufzeichnungen, Notizen und Skizzen anzufertigen. Ich wollte so viel als möglich im Tagesbewußtsein festnageln, um es später abrufbar und verwendbar zu haben.

b) Meine Muttersprache ist Ungarisch. Diktate, Aufzeichnungen und Notizen sind deshalb zum großen Teil ungarisch, und dann z. T. auch ein Gemisch von Deutsch, Schweizerdeutsch, Englisch und Italienisch. Ein echtes Durcheinander — wie damals alles in mir war. Die Sprache ist sehr einfach, fast primitiv, mit vielen grammatikalischen Fehlern. Diese Tatsache bürgt für die Echtheit, eine Fälschung ist damit ausgeschlossen.

c) Es ist interessant, daß mir damals viele Begriffe und Ausdrücke fremd waren. Deshalb benützte ich willkürliche Ausdrücke und Symbole oder Vergleiche, um neue Phänomene und Eindrücke zu beschreiben. Auch diese Tatsache beweist, daß ich mich damals auf völliges Neuland begab und keinerlei Vorkenntnisse auf psychologischen, parapsychologischen und ähnlichen Gebieten hatte.

d) Es ist bekannt, daß man die intensivsten Träume verhältnismäßig schnell wieder vergißt. Die Traumerlebnisse tauchen ganz plötzlich auf und versinken unweigerlich wieder im Nebelmeer des Unbewußten. Deshalb muß man den Traum im Wachzustand sofort festhalten, d. h. aufschreiben oder diktieren, um eine Spur davon, einen Abdruck, in der Welt der materiellen Realität festzuhalten. Die Erlebnisse im klinisch toten Zustand sind viel intensiver als diejenigen im Traum, deshalb versinken sie auch nicht so schnell. Anfangs war alles überwältigend, der Druck der Fülle neuer Eindrücke war sintflutartig. Dann begann langsam alles zu verflachen, wieder ins Unbewußte zu versinken. Deshalb verspürte ich einen unglaublichen Drang, so viel als möglich zu erfassen, festzuhalten, bevor es wieder verschwindet und ausgelöscht wird. Jetzt verstehe ich, warum ich diese fast unmenschliche Eile verspürte.

e) Es sind viele Aussagen von Wiederbelebten bekannt, die mit bestem Wissen und Gewissen gemacht wurden, aber nur wenige basieren auf Aussagen, die unmittelbar nach der Wiederbelebung aufgezeichnet wurden. Wenn man später, sogar viel später, vielleicht erst nach mehreren Jahren, versucht, solche Eindrücke wiederzugeben, unterliegt man ungewollt der Wirkung der Phantasie. Die Erlebnisse waren zwar echt, aber ihre Darstellung kann man nicht so objektiv annehmen wie solche, die sofort nach der Wiederbelebung festgehalten wurden. Für die Forschung ist die Objektivität von größter Bedeutung.
Damals waren nur wenige solcher frühen Berichte bekannt. Heute versucht die Forschung, den Wiederbelebten wenn möglich sofort zu befragen und damit echte Erlebnisberichte zu sammeln.

f) Was ich vom Herzstillstand bis zur Rückkehr in diese materielle Welt erlebte, sind für mich konkrete Tatsachen. Auch bezeichnete ich diesen Zustand als „Tod" und nicht als Zustand des „Klinischen Todes". Ich habe nichts phantasiert, nichts dazugedichtet. Deshalb sind mir diese festgehaltenen Erlebnisse eine Basis für meine weiteren Gedanken und Forschungen. Auf diesem Fundament stehend, habe ich meinen eigenen Weg zur Erkenntnis der Wahrheit erarbeitet. Ich hatte keinen „Meister". Ich besprach meine Gedanken,

Überlegungen, meine Zweifel und mein Ringen mit mir selbst. Mein „Meister" war und ist mein Überbewußtsein, mein eigenes ICH, oder besser gesagt, ich versuche, vermehrt zu denken und auf meine INNERE STIMME zu hören. Diese Umstände charakterisieren meine Erlebnisse, die ich als Quelle benutzt habe und immer wieder benützen werde.

Über die Methode der Aufarbeitung

Die Quelle, eine Sammlung von spontan fixierten und fast unverständlichen Notizen, Aufzeichnungen, Diktaten und Skizzen blieb eine Zeitlang liegen, bis ich gesundheitlich wieder soweit hergestellt war, daß ich beginnen konnte, dies alles aufzuarbeiten. Dies habe ich in verschiedenen Schritten versucht zu tun.

1. Schritt: Ganz zu Anfang, im Hospital, war ich einige Zeit nicht ganz sicher, ob ich einmal als völlig normaler Mensch wieder in diese Erd-Realität zurückkehren würde. Ich war körperlich in einem sehr schlimmen Zustand und meine Psyche schwebte immer wieder weg aus dieser Welt. Mein Geist konnte die Fülle der neuen Eindrücke und Erlebnisse nicht verarbeiten. Ich war verzweifelt, weil ich nicht mehr sicher war, ob ich selbst noch „normal" war. Meine Gefühle und Gedanken waren jetzt völlig anders als vorher. Ich fragte mich, ob diese Abweichung vom „Vor-dem-Tod-Zustand", die als normal galt, noch im Rahmen des „Normalen" war, oder ob ich bereits „abnormal", Artfremder, Außenseiter, Verachteter, seelisch oder geistig krank, ein armer, nicht vollwertiger Mensch geworden war. Es ist sehr, sehr schwer, sich selber nach den geltenden gesellschaftlichen Normen und Verhaltensweisen zu beurteilen. Ich habe dann versucht, in verschiedenen Sprachen zu lesen und Radio zu hören. Ich bemühte mich, mathematische Aufgaben zu lösen, gelernte Gedichte zu zitieren, logische Denkaufgaben durchzuarbeiten — alles ging gut. Ich konnte, so glaubte ich, ebenso

normal wie früher Wahrnehmungen tätigen, diese auswerten, Entscheidungen treffen, über konkrete und abstrakte Realitäten nachdenken. Ich kam langsam zu der Überzeugung, ich sei normal. Aber ich konsultierte trotzdem einen Psychiater und bat ihn, er solle mich testen, ob ich normal sei. Das Resultat war beruhigend, und ich war also fähig, meine „Erlebnisse" als normal denkender Mensch aufzunehmen, auszuwerten, zu bearbeiten, einzuordnen und die Konsequenzen daraus zu ziehen.
Ich machte auch Gleichgewichtsübungen, testete meine Schwindelfreiheit, und schließlich kam mir die Idee, das subtile, körperlose Flugerlebnis mit irdischen, plumpen Verhältnissen nachzuahmen. Einige Jahre später schrieb ich mich in einer Schweizer Pilotenschule in Lugano ein und erwarb innerhalb kürzester Zeit den Pilotenschein. Neben der Theorie und den Flugübungen mußte ich mich einer strengen flugärztlichen Kontrolle unterziehen, welche meinen ausgezeichneten körperlichen und seelisch-geistigen Zustand bestätigte. Der Vertrauensarzt des Schweizerischen Eidgenössischen Luftamtes hat mich sogar für Instrumental-Flug (IFR) mit Passagieren für tauglich befunden.

2. Schritt: Inzwischen versuchte ich, meine Erlebnisse während des klinisch toten Zustandes, der 5½–6 Minuten dauerte zu ordnen, zu kategorisieren und in einem einfachen Deutsch zusammenzufassen. Die Schulmedizin hatte mir bestätigt, daß ich dazu fähig sei. Ich konnte also ans Werk gehen — und so entstand mein Erlebnisbericht.

3. Schritt: Aber waren denn meine „Erlebnisse" wirklich echte Erlebnisse (z. B. die Rückerinnerung an Tatsachen, im Lebensfilm, Wahrnehmungen im außerkörperlichen Zustand, konkret registrierte Realitäten), oder waren es nur Halluzinationen, Phantasieprodukte, erfundene Vorstellungen, traumähnliche, aus dem Unbewußten aufgetauchte Eindrücke?
Der nächste Schritt war logischerweise, so viele Aussagen wie

möglich mit Hilfe von Zeugen und Dokumenten zu kontrollieren.
Zwei Kategorien von Aussagen waren in meinem Gesamtbericht zu finden. Die erste enthält die Bearbeitung des Unfallortes und das Geschehen während des 5½–6 Minuten dauernden Herzstillstandes bis zur Wiederbelebung. Zur zweiten gehört die (Ver-)Be-arbeitung gewisser Szenen während des Lebensfilms.
Was den Unfallort betrifft, konnte ich die folgenden Aussagen aus dem Polizeibericht, den Zeugenaussagen, Unfallfotos, Unterredung mit dem Arzt, der meine Wiederbelebung durchführte, sowie anderen Zeugen, verifizieren:

— Lage und Position meines bereits leblosen Körpers;
— Lage unseres Autos, aus dem ich (hinaus)geschleudert wurde;
— einige Wahrnehmungen aus den Gesprächen und Gedanken der um die Unfallstelle stehenden Leute;
— Person, Gesicht, Kleidung, Tasche, Instrumente (Spritze) des Arztes.

Die verschiedenen Szenen des Lebensfilmes versuchte ich auch durch beteiligte Zeugen zu besprechen, zu kontrollieren und zu verifizieren. Dabei konnte ich lange vergessene Namen, Adressen, Telefonnummern sowie Umstände der Szenen und Auswertungen des Geschehnisses kontrollieren. Der „Kronzeuge" aber war mir mein lieber, inzwischen verstorbener Vater, der gleichzeitig mein bester Freund war.

4. Schritt: Nachdem ich als konkret denkender Mensch selbst überzeugt war, daß ich gesundheitlich, psychisch und geistig „normal", meine Erlebnisse echt und keine Phantasieprodukte waren und ich meine spontane Aussage, das Geschehen am Unfallort und meines Lebensfilmes betreffend, verifiziert hatte, entschloß ich mich, über mein Todeserlebnis einen Artikel zu schreiben.
Obwohl ich mich dabei, wo immer möglich, an die Originalfassung hielt, war es sehr schwierig, die Erlebnisse so zu

beschreiben, daß der Leser einen wirklichen Eindruck auch vom außerkörperlichen Zustand erhält.

Es ist schwierig, ja fast unmöglich, mit Sinnesorganen, die für drei/vierdimensionale Wahrnehmungen in der materiellen Welt geschaffen sind, die erhaltenen nichtmateriellen Eindrücke aufzunehmen und mit aus Materie beschaffenen Gehirnzellen zu bearbeiten. Es ist fast unmöglich, mit Organen, die sich als plumpe, primitive Werkzeuge erwiesen haben, Wahrnehmungen aus einer anderen Welt, die durch ein anderes Schwingungsprinzip aufgebaut ist, zu formulieren und auszudrücken. Ich fühle mich wie in einer vierdimensionalen oder materiellen Zwangsjacke, nachdem ich die Gnade hatte, diese einmal fast abzulegen und mich in höheren Dimensionen zu bewegen.

Es ist einem Menschen eigentlich unmöglich, von übermenschlichen Dimensionen zu berichten. Die Eindrücke waren durch ganz andere Schwingungen gekennzeichnet — alles, alles war Schwingung! Wir nehmen mit unseren Augen und Ohren hier in der materiellen Welt nur ganz schmale Streifen der All-Schwingungen wahr. Dort war alles Schwingung — man kann das mit Worten einfach nicht ausdrücken. Die Sprache ist zu arm, farblos und ungeeignet. Man kann vielleicht nur erspüren oder erahnen, was hinter meinen Worten steckt. Schwierig ist, mit irdischen Zungen zu sagen, was jenseits des hirngebundenen Verstandes liegt. Mit Phantasie könnte man viel erzählen. Aber derjenige, der wie ich ohne Phantasie von der Wahrheit des Jenseits berichten will, steht still da — je echter das Erlebnis, desto karger ist sein Mund. Nur der nichtswissende Papageno plappert. Ich fühle, was ich so gern berichten möchte, aber mein Mund stottert und kann die Eindrücke nicht so wiedergeben, wie ich das gerne möchte.

Eine weitere große Schwierigkeit besteht darin, daß man weltweit verschiedene „Termini technicus" zu gebrauchen pflegt, zur Bezeichnung desselben Phänomens, je nach ideologischem Hintergrund. Wenn ich also künftig einen Begriff nenne, bedeutet das nicht, daß ich mich mit einer bestimmten philosophischen Richtung von Ost oder West identifiziere.

Versuchen Sie bitte, den Sinn meiner Aussagen zu verstehen. Die Worte, Begriffe und Ausdrücke sind dabei nicht wichtig.

5. Schritt: Die erste Veröffentlichung erfolgte „probeweise" in der deutschen Fachzeitschrift „ESOTERA" im Dezember 1972 und Januar 1973. Es waren zwei Folgen unter dem Titel: „Das schönste Erlebnis meines Lebens war mein Tod." Eine unerwartet große Reaktion aus verschiedenen Ländern bestätigte das rege Interesse, das auf diesem Gebiet bereits vorhanden war und ermutigte mich, auf dem eingeschlagenen Weg weiterzuschreiten.

Zu den Erlebnissen im allgemeinen

Die Erlebnisse im Tode sind bekannt, seit Menschen auf dieser Erde leben. Deshalb ist es gar nicht neu, daß man durch den Tod, oder besser gesagt durch eine Art von mystischer Erfahrung im Tod oder im todesnahen Zustand, neue Eindrücke, Erfahrungen, ja sogar Erleuchtung erlebt. In diesem Zustand der Befreiung des Geistes von den Hemmnissen des Körpers und durch Das-sich-Öffnen für die ursprüngliche Wahrheit, geht im Menschen ein Individuations-Prozeß vor sich.
In vielen mystischen Religionen oder noch heute existierenden esoterisch und mystisch ausgerichteten Kreisen bestehen Einweihungs-Rituale mit dem Sinn, daß nur durch den körperlichen Tod die Fähigkeit erlangt wird, die gesuchte Wahrheit zu erahnen und die Menschwerdung zu vollziehen. Auch das Christentum hat dasselbe Gedankengut im Mysterium des Todes und der Auferstehung Christi.
Im Tod wird der Mensch eine ganz spezielle Erfahrung machen, die eine ganz andere Wirklichkeit darstellt und mit nichts anderem vergleichbar ist. Diese Erfahrungen und neuen Erkenntnisse bleiben bei einem klinisch toten und dann wiederbelebten Menschen im innersten Zentrum seines Wesens, des ICH-Bewußtseins, immer anwesend. Sie manifestieren sich und

prägen die Denkweise des Betroffenen. Diese Erlebnisse sind irgendwie mystisch gefärbt, sie sind gleich einer Erleuchtung. Sie erschüttern mit unfaßbarer Intensität die Seele und den Geist, das ganze menschliche Sein des erdgebundenen Lebens des Betreffenden. Diese nur ausgelöschte Erinnerung vollbringt eine Richtungsänderung der Gedanken, verwandelt den ganzen Menschen. Sie öffnet die Tore der Entfaltung für das ICH-Bewußtsein und führt einen Individuationsprozeß, eine Integration von ICH und SELBST herbei. Der erlebte Lebensfilm trägt dazu bei, eine starke Selbsterkenntnis zu erlangen und ermöglicht dadurch eine Selbstverwirklichung, ein Aufschwingen zum ständig anwesenden Absoluten, das wir Göttliches Ur-Prinzip oder einfach Gott nennen können. Dieser Todes-Schock wird also zum heilsamen Mittel, zum Zweck, weil es den Reifeprozeß des Betreffenden fördert, wenn dieser die Chance erblickt. Geht der Mensch auf diesen Prozeß ein, so erfährt er, durch die Verwandlungskraft der in ihm bewußt gewordenen Anwesenheit des göttlichen ICH-Bewußtseins, eine Vergeistigung seiner Sinne und übernimmt damit selbst eine bewußte Verantwortung für seine Menschwerdung. Dieser Prozeß ist eine echte „Einweihung", welche zugleich auch dazu verpflichtet, die erarbeiteten Erkenntnisse im Alltagsleben in die Tat umzusetzen.

Zum Tod

Am 16. September 1964, um 13.15 Uhr, bin ich infolge eines Autounfalls als Beifahrer bei Claro, in der Nähe von Bellinzona im Tessin/Schweiz klinisch gestorben. Was bedeutet „klinisch gestorben"? Was ist das Sterben? Was ist eigentlich der Tod? Der Tod, bis dahin gefürchteter Sensenmann, existiert für mich als solcher nicht mehr. Ich habe den Tod als einen Übergang, als Ende und Anfang, als etwas Schönes erlebt. Was ist denn eigentlich der Tod? Ich will versuchen, einige grundsätzliche Gedanken über den Tod zu entwickeln, damit meine Leser die Erlebnisse im klinisch toten Zustand besser verstehen können.

Der Tod: — war vorher: TABU
            — wurde dann: IGNORIERT
            — wurde später: GEFÜRCHTET
            — wurde aber nie: STUDIERT ...

Es ist merkwürdig, daß wir alles studieren, was mit dem Leben in Zusammenhang steht, aber über den Tod schweigen wir. Es ist eine traurige, tragische Angelegenheit, und das Merkwürdigste ist, daß wir über den Tod schweigen, obwohl wir alle mit Bestimmtheit wissen, daß wir dem Tod nicht entgehen können. Alles im Leben ist unsicher, einzig der Tod ist sicher. Mit dem Tod beenden wir dieses Leben, aber:

WARUM LEBEN WIR?
WIE SOLLEN WIR LEBEN?
WAS IST DAS ZIEL UNSERES LEBENS?

Es drängen sich weitere Fragen auf: Falls der Tod wirklich unvermeidbar ist, sollen wir ihn so lange als möglich hinausschieben? Oder sollen wir uns dem Tod ergeben? Ist der Tod Ende oder Wende des ICH-Bewußtseins? Ist er ein Anfang? Wenn er ein Ende ist, was ist damit beendet? Wenn er ein Anfang ist, was fängt mit ihm an? Wenn er eine Wende ist, was ändert sich mit dem Tod?
Unsere Geburt war ein Übergang von irgendwelcher jenseitiger Existenz — durch Inkarnation oder Reinkarnation des Geistes in diesen materiellen Daseinsplan. Ist der Tod ein Übergang in ein anderes Daseinsbewußtsein? Ist er eine Geburt? Falls JA, können wir ihn, den Tod, irgendwie gestalten? Lenken? Beeinflussen? Und die ganz große Frage: Wie sollen wir leben bis dahin?
Wenn man sich mit diesen Fragen immer wieder auseinandersetzt, wird der Tod zum großen Lehrmeister des Lebens.
Medizinisch gesehen ist das Problem Tod nicht endgültig geklärt. Die Kriterien des Todes erfahren immer wieder Veränderungen.

Zuerst waren das Aussetzen der Atmung und später der Herzstillstand die medizinischen Kriterien. Das Aufhören der Gehirnströme, die mit dem EEG (Elektroenzephalograph) meßbar sind, ist heute das Zeichen des Todes; bestimmt gibt es aber auch andere Merkmale, die wir noch zu erforschen haben. Die Schulmedizin muß sich dabei gewaltig anstrengen, um aus der heutigen Sackgasse herauszukommen und den Menschen als Ganzheit mit mehrfacher Struktur zu erkennen. Wenn sich die Medizin, die Heilkunst, als Ganzheits-Medizin entwickeln wird, werden wir auch für den Tod bessere Erklärungen erhalten.
Für mich ist der Tod eine Umwandlung, eine Trennung der nicht materiellen Bestandteile des Menschen von den grobstofflichen, materiellen Teilen, die wir lebenden Leib nennen. Von diesem Leib wird die Lebensenergie entzogen und der Körper „stirbt". Das passiert aber nicht plötzlich, sondern es ist heute erwiesen, daß der sogenannte Tod einen Absterbeprozeß darstellt, dessen Anfang der Augenblick des Herzstillstandes ist, weil die Versorgung der Zellen mit dem lebenswichtigen Oxygen unterbunden wird. In den ersten Phasen dieses Absterbeprozesses ist eine Reanimation (Wiederbelebung) noch möglich, aber es gibt einen Punkt, von dem aus der Patient nicht mehr zurückgeholt werden kann, weil das Werkzeug des ICH-BEWUSSTSEINS, das Gehirn, zerstört und der materielle, grobstoffliche Teil des Menschen, der Körper, sich von den immateriellen Teilen endgültig trennt. Dieser Trennungsprozeß ist der Tod. Der Mensch hört auf, als MENSCH zu existieren und die beiden verschiedenen Bestandteile fangen an, unabhängig voneinander weiter zu bestehen. Die Materie des Körpers einerseits wird in den Kreislauf der Materie zurückkehren: „Memento homo quia pulver est et in pulverem reverteris" (Erinnere dich Mensch, daß du von Staub bist und zu Staub zurückkehren wirst), sagt die Kirche. Der immaterielle Teil des Menschen, die Persönlichkeit, das ICH-Bewußtsein andererseits fängt an, gemäß ganz anderen, nicht materiellen Prinzipien weiter zu bestehen. Verschwinden wird nichts, es wird nur alles umgeändert.

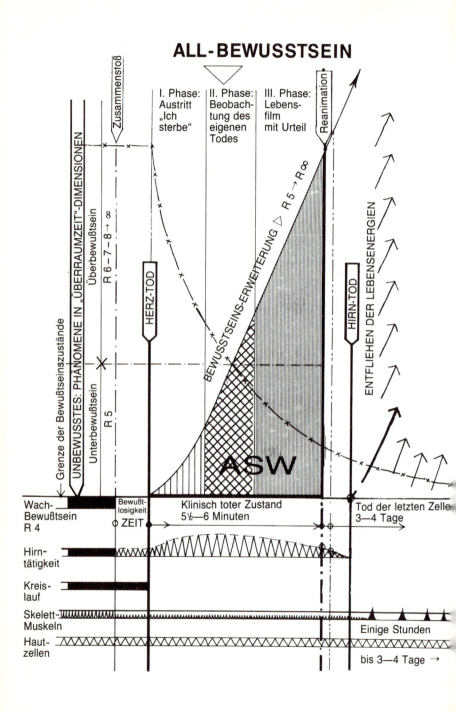

Erklärung zum Diagramm
— Die horizontale Achse ist die Zeitachse. Hier sind mit vertikalen Linien der Zusammenstoß, der Herzstillstand, die Reanimation sowie die Grenze der Reanimation und des Hirntodes angegeben.
— Unterhalb der Zeitachse sind die folgenden Phänomene in Form von Banddiagrammen in Bezug auf die Zeit aufgezeichnet:
Tagesbewußtsein, Hirntätigkeit, Kreislauf, Skelettmuskulatur-Tätigkeit, Leben der Hautzellen.
— Oberhalb der Zeitachse sind die ICH-BEWUSSTSEINS-Funktionen in den höheren Bewußtseinsbereichen angegeben, in denen das ICH-BEWUSSTSEIN aktiv ist. Wir können dies als ASW (Außersinnliche Wahrnehmung) bezeichnen.
— Die Erlebnisse der Bewußtseinserweiterung im klinisch toten Zustand erfolgen in den $R_5 - R_6 - R\infty$ — Ebenen.
— Symbolisch sind noch die drei Phasen des Erlebnisablaufes angegeben.

* * *

Zum klinisch toten Zustand

Was ist nun der klinisch tote Zustand? Wenn das Herz stillsteht, d. h. wenn der Kreislauf völlig zusammenbricht, ist ein Mensch eigentlich tot. Die Gehirnzellen bekommen keinen Sauerstoff mehr und damit beginnt der Absterbeprozeß. Das Gehirn aktiviert als letzten Versuch noch alle zur Verfügung stehenden Lebenspotentiale und verbraucht die letzten Reserven an Sauerstoff, bis es nicht mehr geht und die Gehirnströme völlig ausfallen. Das ist die Sekunde, in der der Hirntod eintritt — heute das medizinische Kriterium des Todes. Nach dem Hirntod — eigentlich bereits kurz vorher — wird der kritische Punkt erreicht, an dem keine Wiederbelebung mehr möglich ist.
Zum Problem des Herzstillstandes und der Wiederbelebung hat Herr Dr. G. Hossli, Direktor des Instituts für Anästhesiologie der Universitätskliniken des Kantonsspitals Zürich, in einem Artikel folgendes geschrieben:

"Der akute Herzstillstand ist ein äußerst dramatisches Ereignis: er kann unerwartet und überall auftreten — beispielsweise beim Herzinfarkt an der Arbeit, beim Sport, daheim im Bett, unterwegs, in der ärztlichen Praxis, im Spital oder bei Elektrounfällen, bei Ersticken (Ertrinken, Lawinenverschüttung, Verkehrsunfall) usw. Für gewisse Eingriffe an oder im Herzen wird er sogar künstlich erzeugt, um dem Chirurgen ein ruhiges Arbeitsfeld zu schaffen für seine technisch oft äußerst schwierigen und minuziösen Operationen. In diesen Fällen wird allerdings das Überleben der Körpergewebe während der Dauer der Stillegung der Herztätigkeit durch besondere Maßnahmen sichergestellt. Die seit dem Mittelalter in der Literatur immer wieder auftauchenden Vorschläge der Wiederbelebung des Herzens mit mechanischem Schock sind vor allem in den letzten Jahren erneut geprüft worden: Mit der Entwicklung der modernen Kardiologie und Herzchirurgie ist auch in der Reanimation des Herzens die Phase der reinen Empirie und der zwar vielfach genialen, aber manchmal wenig objektivierbaren Arbeitshypothesen überwunden worden. Viele Einzelheiten der zur Zeit sozusagen als klassisch geltenden Wiederbelebungsverfahren des Herzens sind heute wissenschaftlich untersucht und begründet. So ist beispielsweise die Überlebenszeit der verschiedenen Körpergewebe sowie des Gesamtorganismus festgestellt worden: Bei einem plötzlichen und vollständigen Unterbruch der Sauerstoffzufuhr zum Gehirn kommt es nach wenigen Sekunden zu Bewußtlosigkeit und Kollaps; bereits nach Ablauf von etwa 3 Minuten treten die ersten nicht umkehrbaren (irreversiblen) Schädigungen vereinzelter Nervenzellen der grauen Rinde auf; gelingt es nun in kürzester Zeit, die Sauerstoffversorgung wiederherzustellen, werden nur diskrete organisch bedingte neurologische oder psychische Störungen zurückbleiben. Bei Fortdauer der Mangelsituation werden aber rasch weitere Gebiete der grauen Substanz auch in den tieferliegenden Abschnitten des Zentralnervensystems zerstört, und nach etwa 8 bis 10 Minuten sind die Koordinationsmechanismen, die vom Gehirn aus gesteuert werden, so weit ausgefallen, daß besten-

falls noch ein zeitlich begrenztes vegetatives Überleben ohne irgendwelche höheren Funktionen (Bewußtsein, Denken, Fühlen usw.) resultiert, wenn die Kreislaufwiederbelebung erst dann gelingen sollte. Zur Wiederherbeiführung einer geregelten, kräftigen, spontanen Herzaktion, das heißt für den entscheidenden zweiten Schritt der Herzwiederbelebung, stehen dem Arzt nun die beiden weiteren Techniken der Gabe von Medikamenten von vorn durch die Brustwand direkt in das Herz (intrakardiale Injektion) und der Anwendung von elektrischem Strom in der Herzgegend (elektrische Defibrillation) zur Verfügung. Mit der direkten Einspritzung bestimmter, die Tätigkeit des im Herzen gelegenen Reizbildungs- und -leitungssystem anregender Pharmaka gelingt es vielleicht, das nicht mehr schlagende Herz wieder zu einer genügenden Spontanaktion anzupeitschen. Damit ist die Wiederbelebung im weiteren Sinn aber noch nicht abgeschlossen: Sorgfältigste medizinische Betreuung über Tage in einer Spezialklinik mit Einsatz aller modernen technischen Überwachungs- und Alarmeinrichtungen, Untersuchung und eventuelle Korrektur der Blutchemie, Abklärung der Ursache des Kreislaufstillstandes und entsprechend kausale Therapie sind unerläßlich".
Gemäß der Aussage des Arztes dauerte bei mir die Zeitspanne zwischen dem Herzstillstand und dem völligen Zusammenbruch des Kreislaufes bis zur Wiederbelebung, mit direkter Injektion ins Herz, 5½–6 Minuten. Die Erlebnisse während des klinisch toten Zustandes sollten dem Unter- und Überbewußtseinsbereich zugeordnet werden, da das Wachbewußtsein ausgeschaltet ist. Eine meiner wichtigsten Feststellungen ist, daß nach dem Herztod das ICH-Bewußtsein eine Fülle von Erlebnissen und eine Erweiterung des Bewußtseins in neuen Dimensionen und in einem anderen Schwingungszustand zu verzeichnen hat.
Es ist zu bemerken, daß im klinisch toten Zustand stets noch eine undefinierbare Verbindung des ICH-Bewußtseins, der Seele und des Geistes zum materiellen Körper besteht, und daß das Gehirn noch nicht zerstört, jedoch der Trennungsprozeß bereits im

Gange ist. Mit westlicher medizinischer Auffassung und christlich geprägter Einstellung zum Problem des Todes ist es nicht möglich, dieses Phänomen zu erklären und zu verstehen. Die tibetanisch/buddhistische Auffassung von den langsam sich zurückziehenden Lebenskräften könnte unseren Gedanken evtl. bessere Möglichkeiten zu dessen Verständnis bieten.

Der Tod ist kein Ende des ICH-Bewußtseins, welches durch alle Inkarnationen hindurch eine eigene kontinuierliche Existenz hat. Einmal schwebt dieses ICH-Bewußtsein zwischen zwei irdischen Leben in einem anderen Schwingungszustand — dann taucht es wieder in den niedrigen Schwingungsbereich der materiellen Welt unter. Der Tod ist eine Umwandlung von einem Schwingungszustand in einen anderen Schwingungsbereich oder die Geburt in eine andere Existenzform.

Ein Beispiel aus der Natur illustriert diesen Vorgang sehr deutlich: „Das Leben und der Tod einer Raupe."

Die unansehnliche Raupe schlüpft aus Eiern, die die sorgfältige Mutter, keine häßliche Raupe, sondern ein durch die Luft wirbelnder Schmetterling, gelegt hat. Sie verkriecht sich zum Schutz und tut alles, um sich bestmöglich zu entwickeln. Sie lebt nach dem für sie bestimmten Naturgesetz. Sie frißt, ernährt sich, wächst und schützt sich vor schlimmen Einflüssen der Umwelt. Sie entwickelt eine dicke Haut um sich herum. Eines Tages wird diese Haut zu eng. Sie begibt sich in eine besondere Position, stellt ihre bisherigen lebenswichtigen Organfunktionen ab und sprengt ihre Haut. Nun kriecht aus dieser alten engen Hülle eine neue, schönere, größere Raupe. Diese entwickelt sich so weiter, bis die alte Raupe wieder eingeht, abstirbt und wieder eine neue, verjüngte Raupe aus der alten abgenützten Hülle steigt. Nach drei Wiederholungen ist die Raupe endlich ausgewachsen. Sie hat ihr Ziel erreicht, ihre Probe bestanden: sie hat überlebt. Nun ist sie reif genug, ihre Raupenexistenz zu beenden, mit anderen Worten: als Raupe zu sterben. Sie spürt, daß die Zeit als Raupe zu Ende ist, sie hat ihre Aufgabe erfüllt. Ihr Raupenleben ist abgelaufen. So kapselt sie sich jetzt ein, um die Entwicklung des Raupensterbens zu vollziehen und sich für den Übergang in eine

ganz andere Welt vorzubereiten. Sie wird zur Puppe. Eines Tages wird die Puppe durchstoßen und aus dieser verbrauchten Hülle kriecht ein völlig neues Geschöpf. Sie hängt mit dem Kopf nach unten an einem Ast, trocknet sich, entfaltet ihre Flügel und fliegt dann, neugeboren, beflügelt, befreit vom zweidimensionalen Raupenleben hoch in die Luft — ein Zitronenfalter. Er fliegt in die dreidimensionalen Lüfte in Richtung Sonne ...
Es ist kein Zufall, daß die alten Ägypter und Griechen die Seele mit einem Schmetterling symbolisierten. „Psyche" heißt gleichzeitig Schmetterling und Seele. „Psychon" — schlagen, pulsieren, atmen. Was ist das Ziel einer Raupe? — Leben, und sich zum Übergang in die Schmetterlingsexistenz vorbereiten. Ihr Lebensziel ist der Tod als Raupe. Das Ziel aller Menschen ist der TOD als materiegebundener Mensch und die Neugeburt in eine höhere Existenz.

S. v. J.

II. Unfallhergang

Wie kam es zum Unfall?

Mein Geschäftsfreund V. hatte mich wegen eines möglichen Immobiliengeschäfts mit Architekturauftrag angerufen. Wir vereinbarten eine Besichtigung des Grundstücks in der Umgebung von Lugano am 16. September 1964. Treffpunkt war das Café Federale auf der Piazza Riforma in Lugano. Um 14.00 Uhr wollten wir beide dort sein. Ich besorgte eine TEE-Fahrkarte und wollte am Morgen von Zürich nach Lugano fahren, dort Mittag essen, um dann pünktlich um 14.00 Uhr zum Rendezvous zu erscheinen. Am späteren Nachmittag hatte ich in Morcote weitere Termine. Für den Abend hatte sich der berühmte Opernsänger Alexander Sved mit Frau bei mir in meinem Haus in Cadro angemeldet. Ich wollte diese Gelegenheit benützen, um ein paar Tonbandaufnahmen zu machen. Es war also alles bestens geplant.
Aber die göttliche Führung wollte etwas ganz anderes mit mir. Die Zeit war reif, um mich in dieser materiellen Welt aufzurütteln und mich in ganz anderen Bahnen weiterentwickeln zu lassen. „Dort oben" waren die Weichen bereits gestellt. Aber ich ahnte vorläufig noch gar nichts. So kam es, . . . daß Herr V. mich am Vorabend unseres Rendezvous in Zürich anrief und sich erkundigte, wie ich nach Lugano zu fahren gedenke. Er lud mich ein, statt mit dem Zug, mit ihm per Auto zu fahren. Er meinte, es sei doch unsinnig, daß wir separat zu unserem Treffen fahren würden. Wir könnten uns unterwegs unterhalten, das Geschäft bereits vorbesprechen. Ich zögerte, da ich die drei Stunden Bahnfahrt ausnützen wollte, um an einem anderen Auftrag zu arbeiten. Nach langem Hin und Her, und weil ich ihn nicht beleidigen wollte, willigte ich ein, mit ihm zu fahren.
Am nächsten Morgen holte er mich also um 9.00 Uhr mit einem

schnellen, roten Alfa Romeo Cabriolet ab. Es war der 16. September 1964. (Quersumme 36.) Wir fuhren los. Lange winkte ich noch meiner Frau am Fenster nach. Es war ein herrlicher, sonniger Tag und unsere Fahrt war entsprechend schön. Ich genoß sie als Mitfahrer. Ich war bisher oft über den Gotthard gerast, sportlich, so schnell als möglich. Ich überholte immer möglichst viele Wagen und hatte so natürlich keine Gelegenheit, die Gegend zu betrachten. Die Tremola-Strecke machte mir immer besonders viel Spaß. Sportlicher Streß, Leistung, gute Resultate (Zeit und Zahl der überholten Wagen) waren damals meine Freude. Doch diesmal bestaunte ich die Schönheit dieser berühmten Strecke, die Berge mit den aufgesetzten Schneekappen, die Wälder, die Flüsse Reuss und Ticino. Wir fuhren nicht übertrieben schnell und riskant, so daß wir gut über das Geschäft sprechen konnten.
Bei Claro vor Bellinzona fuhren wir auf unserer Spur nach Süden, in entgegenkommender Richtung war jedoch ziemlich viel Verkehr. Ich schaute ganz entspannt nach rechts, während Herr V. seinen Alfa mit ca. 110 km/h Geschwindigkeit auf der geraden Strecke steuerte.
Plötzlich hörte ich ihn laut fluchen. Ich drehte meinen Kopf und erblickte einen großen Lastwagen, der uns auf unserer Straßenseite entgegenkam. Er wollte absichtlich die mit ca. 60 km/h fahrende Militärwagenkolonne überholen. Nun begann auch ich zu fluchen. Mein Fahrer gab Lichtsignale, hupte und fluchte, und da der Lastwagen nicht in die Kolonne zwischen zwei in vorgeschriebenem Abstand fahrenden Militärlastwagen einscherte, trat er mit aller Kraft auf die Bremse. Wir rutschten mit stark nach links abgedrehten und blockierten Rädern weiter. Links kamen mehrere Militärlastwagen und auf unserer Spur kam uns der „Verrückte" entgegen. Alles passierte in Sekundenschnelle (ca. 20''). Der Lastwagen raste uns entgegen, er wollte noch an dem ersten Militärauto vorbeikommen. Aber es gelang ihm nicht. Ich erkannte die akute Todesgefahr und schrie in letzter Verzweiflung auf. Durcheinandergemischte Bilder vom Krieg, vom Segeln, von Budapest und schließlich das erschrok-

kene Gesicht meiner Frau, die auf merkwürdige Art und Weise auf den linken großen Kotflügel des auf uns zurasenden Lastwagens projiziert waren, tanzten plötzlich vor meinen Augen. Ich stemmte mich gegen das Armaturenbrett (damals gab es noch keine Gurte) und schrie aus voller Kehle. — Dann gab es einen großen Krach und eine gewaltige Kraft schleuderte mich nach vorn. Ich zerschlug die Windschutzscheibe mit meiner Stirn. Dann wurde alles still — fertig — nichts mehr.

Unfalldokumente

Die Polizei war in ca. 15 Minuten am Unfallort. Sie hat die Spuren gesichert, Zeugen vernommen, die Unfallstelle fotografiert und ein paar Wochen später auch mich im Spital befragt. Von all dem wurde dann ein Rapport erstellt — alles genau so, wie man es von einer Schweizer Kantonspolizei erwarten kann.
Aus dem vier Seiten langen Rapport vom 13. November 1964, abgefaßt von der Polizia Cantonale Ticinese, Gendarmeria Bellinzona, stammen auszugsweise folgende Zitate:

„. . . V. war bereit zum Bremsen, hat aber gleichzeitig optische und akustische Signale gegeben, und damit seine Position signalisiert. Unglücklicherweise hat B. diese Signale nicht beachtet und ist nicht wieder in die Kolonne eingeschert. V. bremste deshalb . . . B. blieb währenddessen auf seiner Fahrbahn. V. hat daraufhin seinen Wagen voll abgebremst . . . Der Lastwagen von B. war, als der Wagen des V. zu rutschen begann, immer noch auf der linken Fahrbahn . . . V. prallte mit dem rechten vorderen Teil seines Wagens gegen den linken vorderen Teil des Lastwagens . . . Durch die Wucht des Zusammenstoßes überschlug sich der Wagen und wurde hochgeworfen . . . in diesem Augenblick wurde sein Mitfahrer Stefan von Jankovich aus dem Wagen geschleudert und landete auf der Straße . . . Stefan von Jankovich erhielt von Dr. D. Erste Hilfe,

der auch seine Wiederbelebung durchführte . . . er wurde im schwerverletzten Zustand in das Krankenhaus S. Giovannie Bellinzona eingeliefert."

NB: B. = der Lenker des Lastwagens.
V. = der Lenker des Pkw in dem St. v. Jankovich Mitfahrer war.

Beigelegt war eine Skizze vom Unfall, auf der man die Lage (Nr. 8) meines schwerverletzten Körpers im Moment des Herzstillstandes sieht (Skizze der Polizei siehe unten).

* * *

Der offiziell beauftragte Automobilexperte Fritz Speun, Bern, hat den ganzen Unfallhergang rekonstruiert und eine lange Expertise zusammengestellt. Beigelegt war eine Situationsskizze, aus der der Flug meines Körpers und der Aufprall auf der Straße ersichtlich ist (siehe unten).

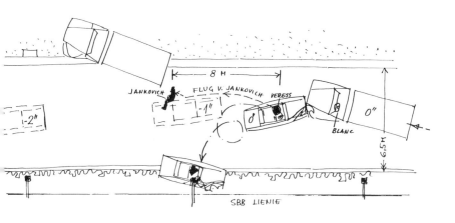

Instruktiv sind die Aufnahmen der Polizei nach dem Unfall. (Auf Seite 45 sind zwei Fotos abgebildet, aus denen die Lage meines Körpers im klinisch toten Zustand ersichtlich ist.)

DOCUMENTAZIONE FOTOGRAFICA

dell'incidente della circolazione avvenuto il 16.9.1964 verso le ore 13.15, sul rettifilo in territorio di Castione.

Protagonisti :

V E R E S S Balint, 1935, Zurigo, autista.

B L A N K Agostino, 1905, Arbedo, autista

COMANDO
POLIZIA del CANTONE TICINO
Servizio Identificazione e Ricerche
visto: Capo SIR

FOTOGRAFISCHE DOKUMENTE

des Verkehrsunfalls vom 16. 9. 1964 um 13.15 Uhr im Gemeindegebiet von Castione.

Beteiligte:

VERESS Balint, 1935, Zurigo, Lenker

BLANK Agostino, 1905, Arbedo, Lenker

Im offiziellen ärztlichen Unfallbericht wird der Unfall kurz beschrieben. Teilzitat:

"Herr Stefan P. von Jankovich, dipl. Architekt SIA, Hönggerstr. 142, 8037 Zürich (nachstehend Jankovich genannt), erlitt am 16. September 1964 als Mitfahrender eines seiner Kunden einen Unfall auf der Hauptstraße von Airolo nach Bellinzona, da aus der entgegenkommenden Kolonne ein Lastauto ausgebrochen ist und damit einen frontalen Zusammenstoß verursachte. Der Führer des Lastautos wurde wegen Verletzung von nicht weniger als sieben Vorschriften des Straßenverkehrsgesetzes zu acht Tagen Gefängnis verurteilt.
Jankovich befand sich in Lebensgefahr und verdankt sein Überleben dem zufälligen Zeugen des Unfalls, einem deutschen Zahnarzt namens Dr. Helmuth Dindinger, der ihm Erste Hilfe leistete und seine Wiederbelebung durchführte. Dann wurde Jankovich ins Ospedale San Giovanni in Bellinzona transportiert und dort von Herrn Dr. Clemento Molo, dem Chefarzt des Spitals, operiert. Es wurden nicht weniger als 18 Frakturen und eine Unzahl anderer Verletzungen festgestellt."

Sehr wichtig ist auch die Aussage von Herrn Dr. med. Helmuth Dindinger, der meine Wiederbelebung durchgeführt hat. Das Zitat stammt aus dem Protokoll der Bundespolizei-Abteilung, Konstanz BRD, vom 8. Oktober 1964:

"... Der rote Sportwagen gab Blinklicht, signalisierte mit dem Horn und bremste sichtlich ab, d. h. er verlangsamte seine Fahrt. Der Lkw TI 11940 fuhr in der gleichen Richtung weiter, d. h. er stoppte nicht ab und reihte sich nicht wieder zwischen die beiden Militärwagen ein, zwischen denen genügend Platz war.
Der rote Wagen bremste daraufhin sehr scharf, wobei es ihn nach links abdrehte. Er kollidierte mit dem linken Kotflügel des LKW, drehte sich um die eigene Achse, und flog, wiederum angetrieben durch den Aufprall, nach rechts. Dort prallte er

noch auf einen eisernen Leitungsmasten der vorbeiführenden SBB-Linie und blieb liegen.
Der Mitfahrer flog inzwischen wie ein Gummiball im hohen Bogen durch die Luft auf die Landstraße, ungefähr in die Richtung, in der sich der Zusammenprall ereignete.
Ich, Dr. Helmuth Dindinger, eilte sofort dem in der Mitte der Straße liegenden verletzten Herrn S. von Jankovich zu Hilfe. Ich bezeichnete mit Kreide sofort die Stelle, wo der oben Erwähnte lag und mit Hilfe von dazukommenden Soldaten wurde der Verletzte an den Straßenrand ins Gras transportiert. Ich leistete dem Verletzten Erste Hilfe, indem ich den völlig zusammengebrochenen Kreislauf mit einer Cardinazol-Injektion i. m. stützte. Dies geschah ca. 5½ – 6 Minuten nach seinem Herzstillstand. Der Patient hatte u. a. sichtbare Verletzungen am Schädel (Kopfschwartenriß, Riß der Galea aponeurotica). Der Schädelknochen lag bloß, diverse Frakturen an den Extremitäten, wahrscheinlicher Befund einer Beckenläsion bzw. -fraktur, mehrere Rippenbrüche (dadurch respiratorische Schwierigkeiten). Der Zustand des Patienten war als sehr schwer verletzt zu bezeichnen."

Unfallfolgen

Von über 40 Ärzten wurden zahlreiche Untersuchungen und Expertisen erarbeitet. Der Unfall hinterließ tiefe Spuren an meinem physischen Körper, die ich z. T. mit eigenen Kräften und unter Anwendung von eigenen Methoden, die ähnlich waren wie autogenes Training, Selbsthypnose, Coué-Methode, behandelt und auch geheilt habe.
Charakteristisch ist eine 30-seitige Expertise vom 17. 7. 1969, die 5 Jahre nach dem Unfall erstellt wurde. Daraus wird ersichtlich, daß mir damals 33⅓ % Invalidität zugestanden wurde.

III. Erlebnisbericht

So geschah es

Ich hatte als Beifahrer einen sehr schweren Autounfall, bei dem ich aus dem Auto geschleudert wurde und mit 18 Knochenbrüchen bewußtlos auf der Straße liegenblieb.
Mein Todeserlebnis begann sehr wahrscheinlich im Moment des Stillstandes meines Herzens, d. h. nach dem völligen Zusammenbruch des Kreislaufes. Die Gehirnzellen begannen sich infolge Oxygenmangels zu verändern; gleichzeitig traten mein Astralkörper (Energiekörper, Biokörper, feinststofflicher Körper — gleich, wie man ihn nennen mag), d. h. die feinstoffliche Substanz als Träger der Seele bzw. der höheren Prinzipien, sowie mein Geist aus meinem materiellen Körper. Während dieser Zeit hatte ich kein Empfindungsvermögen, ich kann mich jedenfalls an nichts mehr erinnern. Das ganze Bewußtsein mitsamt den Unterbewußtseinsfunktionen war völlig ausgeschaltet. Ich war damals noch ein lebender Mensch mit ausgeschaltetem Bewußtsein.
Bei Beginn des klinisch toten Zustandes, als erste Phase des Todes, als mein Astralkörper und der höhere Teil meines Wesens vom schwerverletzten und vergänglichen grobstofflichen Körper getrennt wurden, ging bei mir ein Vorhang auf wie beim Theater. Eine Vorstellung begann, in der ich das irdische Leben und die astrale Weiterexistenz erlebte. Diese „Vorstellung" umfaßte Akte, Etappen oder Phasen. Ich habe von dieser unbekannten Zahl von Phasen die ersten drei „miterlebt". Diese haben in mir einen so großen Eindruck hinterlassen, daß ich nun ein ganz anderer Mensch geworden bin.
Zu Beginn dieses klinisch toten Zustandes, d. h. beim Austritt, oder im „out of body"-Zustand erfuhr ich eine stets größere Erweiterung des ICH-Bewußtseins. Aber diese Erweiterung

erfolgte nicht im materiellen, sondern im immateriellen Bereich. Ich habe drei Etappen oder Phasen erfahren. Wenn man die vielen anderen Berichte genau analysiert, trifft man immer wieder auf diese drei Phasen:

1. Bewußtwerden des Todes
2. Beobachtung des eigenen Todes
3. Lebensfilm und Urteil

Dazwischen hatte ich noch verschiedene Wahrnehmungen, die ich damals als „Intermezzo" bezeichnete.

1. Phase: Bewußtwerden des Todes

Das Erlebnis des Todes begann beim Herzstillstand, verursacht durch den Sauerstoffmangel im Gehirn, welches nicht mehr als intakter Träger des ICH-Bewußtseins angesehen werden konnte. Es folgte die Trennung meiner nicht-materiellen Bestandteile vom materiellen Körper.
Und plötzlich kam ich wieder zu Bewußtsein. Ich fühlte mich von einem beängstigenden, bedrückenden, einengenden Zustand befreit. Viele Wiederbelebte berichten, daß sie durch einen Tunnel ins Freie hindurchgegangen sind. Erleichtert nahm ich das wiedererlangte Bewußtsein wahr: „Ich überlebte den Zusammenstoß" — das war mein erstes Empfinden. Doch mein „Erwachen" war nicht wie erwartet, da ich sogleich deutlich spürte: JETZT STERBE ICH.
Ich war sehr erstaunt darüber, daß ich das Sterben gar nicht als unangenehm empfand. Ich fürchtete mich überhaupt nicht vor dem kommenden Tod. Es war so natürlich, so selbstverständlich, daß ich jetzt im Sterben lag, und endlich diese Welt verlasse. Während meines Lebens hätte ich nie daran gedacht, daß man so schön und einfach vom Leben scheiden kann und plötzlich nicht mehr krampfhaft am Leben hängt. Die Unwissenheit über den Tod ist die Ursache dafür, daß wir so sehr am Leben hängen. Unsere christliche Religion kann nur wenige

Aussagen über den Tod und das, was nachher kommt, anbieten.

Durch den Unfall mußte ich glücklicherweise keinen langen Todeskampf durchmachen. Infolge des Schocks beim Unfall wurden mein ICH-Bewußtsein, mein Astralkörper, meine Seele und mein Geist plötzlich vom materiellen Körper getrennt. Ich fühlte mich dadurch persönlich sehr erleichtert, fand diesen Zustand sehr schön, natürlich, kosmisch. Ich fühlte mich geradezu erlöst und hatte das Gefühl: „Endlich bin ich soweit." Ich dachte ohne jegliche Angst: „Ich bin glücklich, daß ich nun sterbe." Doch mit einer gewissen Neugierde wartete ich darauf, was noch passieren würde. Ich war glücklich, gespannt und neugierig wie ein Kind vor Weihnachten.

Ich fühlte, daß ich schwebte und hörte gleichzeitig wunderschöne Klänge. Zu diesen Klängen nahm ich dazugehörende harmonische Formen, Bewegungen und Farben wahr. Irgendwie hatte ich das Gefühl, daß ich nicht allein war. Doch ich sah niemanden. Ein göttlicher Friede und eine noch nie wahrgenommene Harmonie erfüllten mein Bewußtsein. Ich war restlos glücklich und wurde durch keine Probleme belastet. Ich war allein; kein Wesen der Erde (Eltern, Frau, Kinder, Freunde oder Feinde) störte meine göttliche Ruhe.

Ich habe oft darüber nachgedacht, ob mir damals irgendein irdisches Problem oder eine Person in den Sinn gekommen sei; aber ich konnte mich an nichts dergleichen erinnern.

Ich war — wie gesagt — ganz allein, völlig glücklich und befand mich in einem noch nie erlebten harmonischen Zustand. Ich hatte nur noch ein deutliches Empfinden, ungefähr so, wie der Choral sagt: „Näher mein Gott zu Dir . . . ." Ich schwebte empor, immer näher zum Licht.

Diese erste Phase des glücklichen Sterbens, der Zufriedenheit, verwandelte sich in ein „Intermezzo"; ich empfand immer größere göttliche Harmonie. Die Klänge der Musik wurden transparenter, stärker und schöner, überfluteten alles und wurden durch Farben, Formen und Bewegungen begleitet. Die Farben — brillant, kristallklar und leuchtend — erschienen gleichzeitig in Pastelltönen und waren unwahrscheinlich schön. Ich könnte sie ungefähr mit denjenigen vergleichen, die ich während des wunderschönen Sonnenunterganges beim Flug von Genf nach New York in über 10 000 m Höhe gesehen hatte. Ich fand diese Farben, die ich in diesen Formen und Erscheinungen wahrnahm, so schön, daß ich sie seit jener Zeit bewußt suche und mich daher der Glasmalerei zuwandte. Die kristallklare Farbe des farbigen Glasmaterials an der Bruchstelle, die von verschiedenen Seiten mit Licht überflutet wird, erinnert mich immer wieder an diese wunderschönen Farberscheinungen. (Glasbild: „Erde im Kosmos", 1969. Größe 3×3 m, Lugano, Palazzo Massonico. Siehe Schutzumschlag.)

Die Sonne S. v. J.

2. Phase: Beobachtung des eigenen Todes

Nach diesem wunderschönen Intermezzo öffnete sich der Vorhang plötzlich wieder und eine weitere Phase begann. Es war sehr merkwürdig, daß ich mich schwebend fühlte. Ja . . . ich schwebte wirklich. Ich befand mich über der Unfallstelle und sah dort meinen schwerverletzten, leblosen Körper liegen, genau in derselben Lage, wie ich das später von den Ärzten und aus den Polizeiberichten erfuhr. Ich sah die ganze Szene gleichzeitig von mehreren Seiten — deutlich, transparent. Ich sah auch unseren Wagen und die Leute, die rings um die Unfallstelle standen, sogar die Kolonne, die sich hinter den herumstehenden Menschen aufgestaut hatte.
Die Leute scharten sich um mich herum. Ich beobachtete einen kleinen, festen, ca. 55jährigen Mann, der versuchte, mich wieder ins Leben zurückzurufen. Ich konnte genau hören, was die Leute untereinander sprachen, d. h., eigentlich „hörte" ich es nicht, ich war ja oben, und mein lebloser Körper lag unten auf dem Boden. Doch ich konnte wahrnehmen, was die Menschen sagten und sogar, was sie dachten — wahrscheinlich durch eine Art von Gedankenübertragung, durch Wahrnehmung außerhalb dieses materiellen Welt-Prinzips. Der Mann kniete an meiner rechten Seite und gab mir eine Spritze in den linken Arm. Zwei andere Personen hielten mich auf der anderen Seite und befreiten mich von den Kleidern. Ich sah, wie der Arzt meinen Mund mit einem Holzklotz aufspreizte und Glasscherben daraus entfernte. Unter anderem konnte ich auch erkennen, als der Arzt mich anfaßte, daß meine Glieder gebrochen waren, und daß sich rechts neben mir eine Blutlache ausbreitete. Ferner beobachtete ich, wie der Arzt versuchte, mich auf künstliche Art zu beleben und wie er feststellte, daß auch meine Rippen gebrochen waren. Er bemerkte: „Ich kann keine Herzmassage machen." Nach einigen Minuten stand er auf und sagte: „Es geht nicht, man kann nichts mehr machen, er ist tot." Er sprach berndeutsch (Schweizer Dialekt) und ein etwas komisches Italienisch.

Ich habe über diese „komische" Szene fast gelacht, weil ich wußte, daß ich lebe, denn ICH war nicht gestorben. Unten lag nur mein ehemaliger Körper. Ich fand dies alles sehr komisch, aber keineswegs störend. Im Gegenteil: Es machte mir geradezu Spaß, die Bemühungen dieser Leute mitansehen zu können. Ich wollte ihnen „von oben" zurufen: „Hallo, ich bin hier, ich lebe! Laßt den Körper wie er ist. Ich lebe! Ich fühle mich wohl . . . ."
Aber sie verstanden mich nicht, und ich konnte keinen Ton von mir geben, da ich „oben" keine Kehle und keinen Mund hatte.

Sehr merkwürdig war, daß ich nicht nur die laut gesprochenen Worte, sondern auch die Gedanken der an der Unfallstelle anwesenden Menschen wahrnehmen konnte. Eine Tessiner Frau z. B. mit einer ca. 7jährigen Tochter war sehr erschrocken, als sie plötzlich meine Leiche sah. Die kleine Tochter wollte sofort weglaufen, aber die Frau hielt sie mit der linken Hand einige Minuten fest und betete in Gedanken ein „Vater unser", ein „Heilige Maria . . ." und bat danach noch um Vergebung der Sünden dieses verunglückten Mannes. Ich war vom selbstlosen Gebet dieser Frau tief beeindruckt und freute mich darüber. Auch fühlte ich eine liebevolle Strahlung.

Ein älterer Mann mit Schnurrbart dachte dagegen sehr negativ über mich: „Naja, den hat's erwischt. Aber er ist sicher selber schuld. Wahrscheinlich ist er so einer, der mit seinem Sportwagen rücksichtslos durch die Gegend flitzt." Ich wollte ihm von „oben" zurufen: „Hör auf mit diesem Quatsch. Ich bin nicht selber gefahren, ich war nur Mitfahrer." Ich spürte auch die negativen, bösartigen Schwingungen dieses Mannes.

Alles in allem war es sehr interessant mich „unten" sterben zu sehen bzw. von oben her als Zuschauer, ohne Emotionen, in einem himmlischen Zustand alles genauestens beobachten zu können, da ich ja „weiterlebte". Meine nicht-materiellen Sinnesorgane funktionierten gut und mein Gedächtnis registrierte alles. Ich konnte auch denken und Entscheidungen fällen und spürte kein irdisches Hindernis. Ich schwebte in ca. 3 m Höhe über der Unfallstelle — in einem mehrdimensionalen Raum.

Dann kam ein zweites Intermezzo. Die letzte Szene war jetzt beendet und die Erscheinung, die früher begonnen hatte, entwickelte sich weiter.
Ich wandte mich von der Unfallstelle ab, da sie mich nicht weiter interessierte. Ich wollte wegfliegen, und . . . schon flog ich. Alles war beruhigend, harmonisch, wunderschön. Die Töne, die Lichtspiele wurden immer stärker, immer voller und überfluteten mich und meine ganze Umgebung. Ich spürte deutlich eine harmonische Schwingung. Dann sah ich die Sonne irgendwo rechts oben. Ich weiß nicht warum, aber ich sah sie rechts oben pulsieren und nicht direkt über mir. Ich flog deshalb in diese Richtung weiter. Die Sonne wurde immer lichter, immer strahlender, immer pulsierender. Ich verstehe heute, warum so viele Menschen und Religionen die Sonne als Gottessymbol auffassen oder sogar einen Sonnengott verehren.

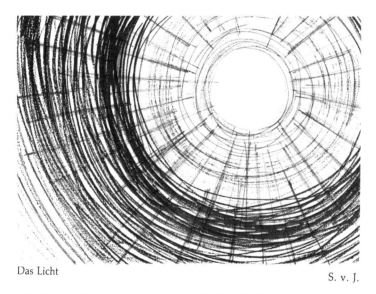

Das Licht S. v. J.

Ich flog allein weiter, hatte jedoch das Gefühl, daß ich nicht allein war, sondern daß mich gute Wesen umgaben. Alles war beruhigend, alles harmonisch und wunderschön.

Das Erlebnis des schwerelosen Zustandes und des freien Fluges hat mich so stark beeindruckt, daß ich nach meiner Genesung in einer Schweizer Flugschule den Privatpiloten-Schein erwarb. Und wenn ich Zeit habe, fliege ich hoch über die in Nebel eingehüllten Täler, wo Menschen mit Problemen belastet vor sich hinleben. Ich fliege z. B. von Lugano aus über die Poebene bis zum Mittelmeer. Wenn die Sonne nachmittags rechts oben über mir steht, dann fühle ich wieder, daß alles mit göttlichem Licht, Energie und Wahrheit überstrahlt und überflutet ist. Wenn ich selber Probleme habe, mache ich diese esoterische Flugtherapie, um neue Kräfte zu sammeln.

3. Phase: Lebensfilm und Urteil

Dieses Intermezzo dauerte relativ kurze Zeit, dann begann ein phantastisches vierdimensionales Theaterstück, das sich aus unzähligen Bildern zusammensetzte und Szenen aus meinem Leben wiedergab. Um irgendeine Größenordnung zu bekommen, habe ich damals die Zahl 2 000 angegeben, aber es könnten vielleicht 500 oder 10 000 Bilder gewesen sein.
In den ersten Wochen nach dem Unfall erinnerte ich mich noch an einige Hundert davon. Leider konnte ich dies nicht alles auf dem Tonband festhalten.
Die Zahl ist im Grunde genommen nicht wichtig. Jede Szene war vollständig abgerundet. Der Regisseur hat dieses ganze Theaterstück seltsamerweise von hinten aufgerollt, so daß ich als erste Szene meinen Tod auf der Straße sah, während der letzte Akt dieser Vorstellung meine Geburt bei Kerzenlicht zu Hause in Budapest zeigte.
Ich begann also damit, meinen Tod wiederzuerleben. In der zweiten Szene fuhr ich als Beifahrer über den Gotthard. Bei strahlender Sonne sah ich die kleinen weißen Schneekappen auf den Bergen. Ich fühlte mich sehr entspannt und glücklich.
Ich sah alle Szenen so, daß ich nicht nur Hauptdarsteller, sondern gleichzeitig auch Beobachter war. Mit anderen Worten: Es schien, als ob ich über mir und meiner Umgebung im vier- oder mehrdimensionalen Raum geschwebt und von oben, von unten und von allen Seiten gleichzeitig das ganze Geschehen miterlebt hätte. Ich schwebte über mir selbst. Ich betrachtete mich von jeder Seite und hörte zu, was ich selber sagte. Ich registrierte mit allen Sinnesorganen, was ich sah, hörte, spürte und auch, was ich dachte. Die Gedanken wurden Wirklichkeit.
Meine Seele, bzw. mein Gewissen war ein sensibles Gerät. Es wertete mein Handeln und meine Gedanken sofort aus und beurteilte mich selbst, ob diese oder jene Tat gut oder schlecht gewesen war. Es war sehr merkwürdig, daß harmonische, positive Erinnerungen auch in jenen Szenen auftauchten, die

nach unserer gegenwärtigen Gesellschafts- oder Religionsmoral als schlechte Taten bezeichnet werden oder gemäß unserer religiösen Auffassung als Sünden oder sogar Todsünden gelten. Andererseits sind viele im Erdenleben bewußt vollbrachte, sogenannte „gute Taten" als negativ, als schlecht bewertet worden, sofern die Grundidee negativ, die Abwicklung kosmisch gestört und nicht harmonisch war, z. B. wenn die Tat egoistischen Zielen entsprang.

Gut und böse werden im Jenseits mit einem ganz anderen Maßstab gemessen. Dieser ist absolut und daher nicht durch menschliche vorprogrammierte Meinungen und Denkmodelle begrenzt, nicht durch willkürliche Formulierungen und Interpretationen verdreht. Wie viele Menschen glauben, als Einzige die Wahrheit richtig erkannt zu haben und fühlen sich befugt, sie zu „verkünden". Wie viele Ideologien, Religionen, Sekten, philosophische und religiöse Gruppen, die heute wie Pilze aus dem Boden wachsen, da die Menschen den ursprünglichen Glauben verloren haben, beanspruchen, einzig richtig zu sein. Ich habe erfahren, daß dort „oben" kein Denkmodell Gültigkeit hat, da dort nur das allgemeine, kosmische Gesetz der Liebe gilt. Die Schwierigkeit besteht darin, daß wir diese nicht erkennen und für uns formulieren können.

Die Beurteilung MENE TEKEL FARE „Du warst gewogen und für zu leicht befunden" ist ein uraltes Gedankengut der Menschheit.

Das zweite merkwürdige Phänomen war, daß die, durch diesen absoluten Maßstab, als negativ beurteilten Taten und Gedanken nach dem Urteil ausgelöscht wurden. Es blieben nur diejenigen Szenen an mir haften, bei denen ich und alle Beteiligten glücklich waren; wo Harmonie nicht nur in mir selbst, sondern auch in der ganzen Umgebung herrschte, und wo alle Beteiligten sich positiv zu meinen Handlungen gestellt hatten.

Ich glaube, dies ist auch eine Eigenschaft Gottes bzw. der vollkommenen Liebe: das Vergeben durch das vollkommen Gute, durch das unendliche Positivum. Wir streben zu diesem

Prinzip empor und müssen unser Bewußtsein von allen disharmonischen Gedanken und Taten, mit anderen Worten, von unserem Karma gänzlich befreien, um uns mit ihm endgültig vereinigen zu können. Nur dann können wir — wie z. B. die bisher in der Atmosphäre herumwandernden Wassertropfen — in den unendlichen Ozean Gottes zurückkehren und uns dort auflösen, wie Goethe so schön sagte.

Dieser kosmische Maßstab in der Beurteilung der Taten erschien mir zuerst merkwürdig, aber nach jahrelangem Nachdenken erkannte ich, daß sich hier die wunderbare Göttliche Gerechtigkeit manifestiert und so mit dem Grundprinzip der Welten übereinstimmt.

„Seelenwaage". Papyrus aus dem Grab einer Musikantin in Berel Bahari. 21. Dynastie (ca. 1000 v. Chr.). Isis steht als Begleiterin hinter der Verstorbenen. Anubis bedient die Waage mit der Ka = die Seele, gewogen wird. Rechts thront Osiris als Totenrichter.

Nach dieser phantastischen vier-, ja fünfdimensionalen Theatervorstellung über mein Leben kam eine Schlußbilanz, die von mir selbst abgefaßt wurde. Formulieren kann ich sie nicht mehr; aber ich spürte damals, daß ich noch gute Chancen zur Weiterentwicklung bekommen würde.

Das dritte Intermezzo erfolgte anschließend. Das glücklichmachende Licht überflutete und durchdrang mich noch einmal und die Musik der Sphären dröhnte wie eine vier-, fünf- oder mehrdimensionale Stereoanlage. Alles war Licht, alles war Musik, alles war Schwingung. Die Sonne pulsierte, und ich spürte, daß sie eigentlich Symbol des Urprinzips, das Alpha und Omega, die Quelle aller Energien ist. Dieses Prinzip ist der Ursprung aller Erscheinungsformen der Energie. Ich ahnte, daß dieses Prinzip GOTT selber ist.

Was ich sah, war nicht einmal die Sonne, sondern eine sonnenartige, wunderschöne, warme, lichterfüllte Erscheinung. Es war ein wunderbares Gottes-Erlebnis; das Erlebnis des über uns stehenden URPRINZIPS des Universums. Alles schwang immer intensiver, alles pulsierte: Die Schwingungen meiner körperlosen Seele und meines Geistes begannen sich diesen harmonischen Schwingungen anzupassen. Ich fühlte mich immer wohler und immer glücklicher, je schneller mein Bewußtsein vibrierte und sich enorm in dieser neuen Dimension erweiterte.

Ich glaube heute, daß damals die Zeit des Gehirntodes nahte. Mit östlicher Terminologie ausgedrückt: in dieser Zeit wurde die sogenannte Silberschnur, die Lebensader, die meinen Astralkörper noch mit meinen Gehirnchakras verband, immer dünner bzw. elastischer. Der Augenblick nahte, wo diese Silberschnur wie ein hochgespanntes Gummiband zerreißen mußte. Dies hätte nach dem eingetretenen klinischen Tod den endgültigen Hirntod bedeutet, d. h. der ganze Prozeß hätte eine Schwelle erreicht, wo es keine Rückkehrmöglichkeit von drüben mehr gegeben hätte.

Ich weiß nicht, wie lange es noch gedauert hätte, bis die Silberschnur zerrissen wäre. Nach irdischer Zeitmessung wären vielleicht noch einige Minuten, Sekunden oder Zehntelsekunden übriggeblieben, aber in dieser Dimension hören Zeit und die Gesetze des vierdimensionalen Raumes auf. Somit empfand ich diese kurze Zeit von einigen Minuten während meines klinischen Todes als mehrere Tage oder mehrere Wochen, da ich so viel in dieser kurzen Zeit erlebte.

Mein irdisches Leben in der vierdimensionalen Welt, auf der Ebene des Raum-Zeit-Prinzips, wo die Materie wahrgenommen werden kann, war in jenem Augenblick meines Unfalltodes beendet. Ich war bereits im Stadium des Übergangs, der Geburt in eine Welt der höheren Dimensionen, wo die Schwingung nicht mehr als Materie wahrgenommen werden kann. Mit anderen Worten: in einer anderen Welt, wo Geist und Seele, befreit vom Körper, nach neuen Gesetzen weiterexistieren.

Die Wiederbelebung

Leider wurde dieses euphorische Erlebnis abrupt beendet. Ich sah plötzlich von Süden einen jüngeren, schlanken Mann in schwarzer Badehose und barfuß, mit einer kleinen Tasche in der Hand, auf meinen leblosen Körper zurennen. Diese Person sprach sehr klar und deutlich hochdeutsch mit dem anderen Arzt. Mich interessierte diese Szene nicht weiter, deshalb schaute ich auch nicht genau zu. Dieser jüngere Mann hatte jetzt einen kurzen Wortwechsel mit dem Arzt über meinen Zustand. Er kniete sich daraufhin neben mich und stellte auch meinen Tod fest, bezeichnete meine Lage mit einer Kreide und ließ mich abtransportieren. Man hat dann meinen Körper an den Straßenrand gelegt und das anwesende Militär gefragt, ob irgendwo eine Decke sei, um meine Leiche zuzudecken.

Dann wandte er sich dem anderen Arzt zu: „Wenn Sie, Herr Kollege, nichts dagegen haben, dann . . ." Nun gab er mir eine Adrenalin-Spritze direkt ins Herz. Ich konnte das Gesicht dieses Mannes recht gut in mich aufnehmen.

Einige Tage später kam ein Herr in mein Spitalzimmer in

Bellinzona. Er trug einen normalen Straßenanzug. Ich erkannte das Gesicht aber sofort wieder und begrüßte ihn mühsam mit: „Guten Tag Herr Doktor, warum haben Sie mir diese teuflische Spritze gegeben?" Ich konnte mich auch sehr gut an seine klare, deutliche Stimme erinnern. Er war verblüfft und fragte, wieso ich ihn kenne. Ich erzählte es ihm. Wir wurden später gute Freunde. Er wurde zum „Ritter der Straße" dekoriert, weil er mich — ich sage „leider" — auf diese Welt zurückgeholt hat.

Nach der Adrenalin-Spritze, wahrscheinlich in dem Augenblick, als mein Herz zum ersten Schlag angeregt wurde, geschah das Schreckliche mit mir: ich fiel in eine schwarze Tiefe hinunter. Mit einem unheimlichen „Ruck" und „Schock"

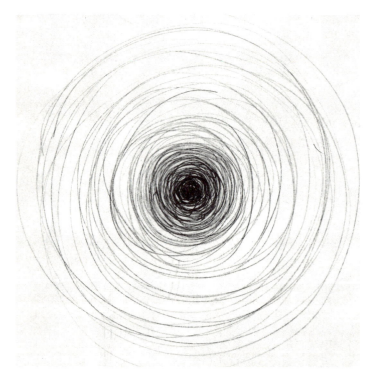

Die schwarze Sonne   S. v. J.

schlüpfte ich in meinen schwerverletzten Körper zurück. Alles Schöne war plötzlich weg. Ich spürte: ich muß zurück.

Ich kam wieder zum Wachbewußtsein und spürte unbeschreibliche Schmerzen. Sofort danach fiel ich wieder in Ohnmacht vor Schmerz, jedoch als wiederbelebter Mensch. Durch die Kunst eines guten Arztes wurde ich also gewaltsam wieder zurückgeholt, weil er „per Zufall" im richtigen Moment bei der Unfallstelle war und „per Zufall" die richtige Spritze bei sich hatte. Die Wiederbelebung war damit „zufällig" gelungen. Die Sanitäter wurden gerufen und ICH wurde wieder als lebender Mensch mit integriertem Geist/Seele/Körper mit Sirenen und Blaulicht ins Ospedale San Giovanni in Bellinzona gefahren. „Per Zufall" war dort der brillante Chirurg Primarius Clemente Molo gerade anwesend, weil er kurz aus seinen Ferien zurückgekommen war, um seine Abteilung zu besuchen. Er begann sofort zu operieren und rettete damit zum zweiten Mal mein Leben.

Dadurch aber hatte meine Leidensgeschichte wieder begonnen. Seit dieser Zeit pflege ich zu sagen: „Das schönste Erlebnis meines Lebens war mein Tod." Ich war wirklich im Leben nie so glücklich wie im Tod, wobei das Wort „Tod" in Anführungszeichen stehen muß, denn, wie ich heute weiß, war das nur ein klinisch toter Zustand. Aber damals habe ich alles als richtiges Todeserlebnis wahrgenommen und registriert.

IV. Folgegedanken nach dem Unfall

Dieses Erlebnis, oder die Fülle von Erlebnissen, die ich während des 5½ – 6 Minuten dauernden klinisch toten Zustandes erfuhr, haben mein Leben sehr beeinflußt und gänzlich verändert. Während langer Jahre Spitalsaufenthalt hatte ich Zeit um nachzudenken, alles irgendwie zu ordnen, auszuwerten und Schritt für Schritt ganz persönliche Konsequenzen zu ziehen. Dabei habe ich mich bewußt von irgendwelchen Lehren, Ideologien usw. freigehalten. Ich wollte meinen Weg selber suchen und meine Erklärungen alleine finden.
Ich habe dann angefangen, mir neue Fragen zu stellen:

— Wie ist die Welt erschaffen?
— Wie sind wir geschaffen?
— Was ist das Leben?
— Wie geht es nach dem Tode weiter?
— Wer bin ich?
— Was ist der Mensch?
— Haben wir eine Seele und einen Geist?
— Was ist der Sinn des Lebens?
— Sind richtige Denkmodelle in diesem Leben überhaupt möglich?
— Wie soll man sich im Leben verhalten, um ein *positives Urteil* beim Tod zu erlangen?

Es ist unmöglich, hier über alle Gedanken, alles Ringen mit mir selbst, alle Zweifel, inneren Spannungen, alle Auseinandersetzungen, Studien und Forschungen zu berichten. Ich möchte deshalb nur ein paar Konsequenzen, die ich aus meinen Erlebnissen gezogen habe, in einigen Punkten kurz zusammenfassen und berichten, wie aus einem oberflächlichen, irdisch ausgerichteten Menschen ein tiefgläubiger, freidenkender und suchender Mensch geworden ist.

Michelangelo: „Die Schöpfung Adams". Sixtinische Kapelle, Vatikan/Rom.

... Über den Menschen

Der Mensch besteht aus einem materiellen und einem nichtmateriellen Teil. Beide zusammen bilden den Menschen als solchen, der für das Erdenleben geschaffen ist. Er ist eine psychosomatische Einheit. Der Körper ist in der materiellen, vierdimensionalen Welt eingebettet und seine Materie unterliegt den physikalischen, biologischen und chemischen Gesetzen der materiellen Welt. Die nichtmateriellen Bestandteile des Menschen sind ebenfalls Realitäten, die aber anderen Dimensionen zugeordnet sind. Sie haben dort ihren Ursprung; ihr Existenzprinzip entspricht anderen, nichtmateriellen Gesetzen.

Diese nichtmateriellen Bestandteile des Menschen wirken als ständige Energiequelle für den materiellen Körper, da sie die Urenergie in Lebensenergie ummodulieren und dem Körper zugänglich machen.

Der Mensch ist ein mehrdimensionales Wesen und besteht aus verschiedenen Energieformen, die verschiedenen Schwingungen entsprechen: aus dem materiellen Körper mit spezifischen Schwingungen und aus den schneller schwingenden nichtmateriellen Bestandteilen. Alle diese Schwingungen zusammen bil-

den den Menschen als eine sehr eigenartige Einheit mit divergierenden Aspekten. Wir leben im Grenzbereich mehrerer Dimensionen verschiedener Existenzprinzipien. Deshalb ist es so schwer, das Wesen des Menschen zu erkennen, seine Gesetze zu erforschen und sich im Grenzbereich verschiedener Existenzprinzipien auszukennen und richtig zu verhalten. Dieses Bestreben scheint mir jedoch ein wichtiges Ziel des Lebens zu sein.
Das ist die Menschwerdung! Aber wer vollzieht diese Menschwerdung? Der Mensch selbst — d. h. das ICH-Bewußtsein, welches über Geist/Seele und lebendigem Körper steht, welches alles zu kontrollieren und Entscheidungen zu treffen vermag und welches auch die Verantwortung trägt. So sollte das ICH ein harmonisches Gleichgewicht finden zwischen den Aspekten von Körper/Seele und Geist.
Jesus sagte es so: „Gib dem Kaiser, was des Kaisers ist, und Gott, was Gottes ist."
Wenn man sich eines physikalischen Denkmodelles bedienen will, so könnte man sagen, daß die niedrigen Schwingungen der Materie mit den höheren Schwingungen des Lebens, der Seele und mit den höchsten Schwingungen des Geistes in harmonischem Einklang (wie die harmonische Oktave in der Musik) schwingen sollten. Eine Resonanz sollte dann das ganze Gebilde „Mensch" zusammenhalten.
Es scheint eine echte Lebenskunst zu sein, wie der Mensch als einzelnes Individuum zwischen den verschiedenen Aspekten der im Jenseits verankerten Seele, des Geistes und dem diesseitigen materiellen Körper ein harmonisches Gleichgewicht finden kann.
Dieses Gleichgewicht ist auch nicht stationär, für immer fixiert, und es ist nicht definierbar. Es ist für den Menschen eine der größten Herausforderungen, dieses Gleichgewicht immer neu zu bestimmen und an jede Lebenssituation anzupassen. Dies bedeutet eine ständige Aufgabe und ununterbrochene Prüfung. Man kann diese Kunst nur dann erlernen, wenn man sich von allen Hemmnissen, vom rücksichtslosen Körper, von den zügellosen Gefühlen und den negativen, unsauberen Gedanken,

von allen Vorurteilen und von allen Lasten der Vergangenheit befreit. Durch Befreiung wird man fähig, freie Entscheidungen zu treffen und das harmonische Gleichgewicht zu finden. Durch Selbsterkenntnis wird man die Möglichkeit der Selbstbefreiung

Symbolische Betonplastik von 3 × 3 m in Lugano von Stefan v. Jankowich:
KÖRPER — SEELE — GEIST — ICH-BEWUSSTSEIN = MENSCH (1969).

erkennen. So kann man dann das harmonische Gleichgewicht Körper/Seele/Geist anstreben und den eigenen Weg der Weiterentwicklung bestimmen.

Der Mensch manifestiert sich in der materiellen (R4) Welt, im vierdimensionalen Raum-Zeit-Kontinuum nach Einstein, durch seinen Körper, den wir hier mit materiellen Sinnesorganen „wahrnehmen" können. Die nichtmateriellen Bestandteile wie Seele und Geist können wir nicht direkt wahrnehmen. Dazu würden wir andere Empfangsgeräte benötigen. Durch die Seele „verspüren" wir Emotionen und Gefühle. Der Geist kann Ideen, Gedanken und Prinzipien des Geistesbereichs „erkennen". Was das Göttliche in uns ist, das über uns steht wie Gott selbst, können wir nur „ahnen".

Mir scheint die Feststellung sehr wichtig, daß der Mensch das einzige Lebewesen ist, das bewußt Entscheidungen treffen kann. Daran erkennen wir das Wesen des Menschen. Hier sehen wir den Homo Sapiens als denkende, entscheidende und verantwortungsbewußte individuelle Persönlichkeit mit dreifacher Struktur, die als Einheit im Menschen integriert ist.

Doch der Mensch selbst kennt im Erdenleben die Gesetze dieser Integration, die Wechselwirkung und die Spielregeln des Menschwerdens nicht. Es gibt kein Modell, keine Regel . . ., sondern jeder einzelne hat das für IHN entsprechende Integrationsprinzip zu erarbeiten. Dieses Unterfangen ist sehr schwierig, aber es scheint Aufgabe des einzelnen Menschen zu sein.

. . . Über das ICH

Die Persönlichkeit ist durch das ICH-Bewußtsein geprägt. „COGITO ERGO SUM". — „Ich denke, also bin ich" — behauptete Descartes. Ich konnte aber nach dem Austritt auch denken, Wahrnehmungen tätigen, alles auswerten und Entscheidungen treffen; deshalb ist für mich nicht der materielle Körper oder dessen Teile (wie z. B. das Gehirn) der echte Träger des ICH-Bewußtseins, sondern die nichtmateriellen Bestandteile mit allen Charakteristiken eines Individuums, einer Persönlichkeit, wie freier Wille, Verantwortungsbewußtsein, Entscheidungs- und Denkvermögen. Man kann den Träger des ICH-Bewußtseins oberflächlich Seele und Geist nennen, aber je länger man nachdenkt, desto sicherer gelangt man zur Erkenntnis, daß das ICH dem innersten, göttlichen Prinzip zugeordnet ist. Es stammt von dort und seine Aktivität steht über dem Geist und der Seele und über dem lebendigen Leib des Menschen.

Das ausgetretene ICH kann alles von der materiellen Welt wahrnehmen — wie mit normalen Sinnesorganen. Noch merkwürdiger ist, daß ich auch die Gedanken der Zuschauer wahrnehmen konnte, welche sich ja in anderen Dimensionen, außerhalb der R4 (Raum-Zeit), der materiellen Welt abspielten. Deshalb glaube ich, daß die Seele und der Geist in höheren Dimensionen existieren und den höchsten Schwingungen entsprechen.

Ich stellte also fest, daß das ICH-Bewußtsein auch außerhalb des Körpers weiterexistieren kann. Das ist der „out-of-body" (OOB)-Zustand, welcher durch Training und bestimmte Manipulationen erreichbar ist.

Ich habe deutlich gespürt, daß mein Körper nicht ICH ist. Ich hatte zwar einen lebenden Körper, aber nun bin ich draußen und BIN doch immer noch. Auch die Gefühle, Emotionen, erachtete ich als meine Gefühle, d. h. ICH war nicht meine Gefühle, sondern sie gehörten zu mir. ICH habe gelacht, ICH fand die Szene unten „komisch", ICH habe mich über das Gebet einer Frau an der Unfallstelle gefreut, über die „blöden" Gedanken eines Zuschauers geärgert, ICH habe mich wohlgefühlt usw. Mit anderen Worten: diese Gefühle, die seelische Phänomene darstellen und mit der sogenannten Seele oder dem emotionellen Leib verbunden sind, gehören auch zu mir. Auch meine Gedanken, die logischen Denkprozesse im OOB-Zustand, waren mit meinem Geist verbunden. Aber ICH bin nicht mein Geist, sondern ich habe einen Geist.

Dies alles war neu für mich. Doch nach vielen schlaflosen Nächten wurde mir klar:

ICH BIN ICH
ICH BIN SELBST.

Damit konnte ich alle erlebten Phänomene lösen. Die ICH-BIN-Formel ermöglichte es mir, meinen lebenden Körper, meinen emotionellen Seelen-Leib und mein Denkvermögen bzw. Geist, als meine Bestandteile zu definieren, die alle in mir integriert sind.

Leonardo da Vinci: „Der Mensch".

Ich spürte, daß ICH weiterhin BIN auch ohne Körper, und wenn ich einmal meine sogenannte Seele mit meinen Gefühlen verlassen werde, bleibe ich weiterhin ICH. Auch meinen Geist werde ich vielleicht einmal ablegen, aber ich glaube heute, daß ICH auch dann weiterhin ICH bleiben werde. Mit anderen Worten: ICH-BIN-SELBST ist als absolutes Göttliches Bewußtsein meine einzige kosmische Realität. Alles andere gehört einfach zu diesem ICH-Bewußtsein.

Jetzt, in diesem materiellen Erdenleben habe ICH einen materiellen Leib und eine Seele und einen Geist. Ich kann mir aber sehr gut vorstellen, daß es irgendwann eine Existenz des ICH gibt, wo nur Seele und Geist zusammenwirken. So könnte ich mein ICH als eine emotionelle Seelen-Wesenheit definieren. Das ICH aber kann nur zusammen mit dem Geist als denkende Geistes-Wesenheit existieren und sich dann, eventuell vom Druck der Gedanken befreit, als ICH-Bewußtsein hochschwingen. Ist das kein Weg der Entwicklung zur Vollkommenheit, zu Gott?

Noch etwas Merkwürdiges: Im Lebensfilm hatte ich selbst Bilanz zu ziehen. Ich erlebte meine Gefühle, spürte die Liebe oder den Haß in jenen Szenen und beurteilte meine Taten und Gedanken. Deshalb konnten sie gar nicht ICH sein, sondern sie waren in mir. Ich bin heute überzeugt davon, daß mein ICH-Bewußtsein über allem steht und die Möglichkeit hat, alles unter Kontrolle zu bringen. Deshalb glaube ich, daß, wenn man bewußt das ICH erspürt und erkennt, der Homo Sapiens als ein Göttliches Wesen mit einem ausgeprägten ICH-BIN-SELBST-Bewußtsein zu definieren ist. Das ICH entscheidet, weil es einen freien Willen hat; aber das ICH muß auch für alle Gedanken, Emotionen und Taten die Verantwortung tragen. So erscheint der Mensch als einzigartiges Wesen mit eigenem ICH-Bewußtsein und um ihn herum verschiedene Hüllen von Schwingungsprinzipien als Energieformen wie: das Denken, das Fühlen, das Leben, die Materie.

. . . Über den Tod

Sobald sich die Verbindung zwischen den materiellen und nichtmateriellen Bestandteilen des Menschen löst, hört er auf, als Mensch zu existieren: er stirbt. Mit anderen Worten: das ICH-Bewußtsein, die wahre Entität, löst sich vom Körper. Die Energiezufuhr wird dadurch unterbunden und das vorhandene Lebensenergiepotential der einzelnen Zellen aufgebraucht. Damit wird der Stoffwechsel gestoppt. Ohne Energie hören die Zellen auf zu funktionieren. Das Leben (die Lebensenergie) wird den Zellen schrittweise entzogen.
Deshalb ist der Tod für mich kein Ende, sondern eine Wende des ICH-Bewußtseins, eine Transformation: Die Befreiung der Seele und des Geistes von materiellen Hemmschuhen oder Zwangsjacken des Körpers. Es ist ein Übergang von dieser, durch Einstein als Raum-Zeit-Kontinuum bezeichneten, vierdimensionalen Welt mit charakteristischen Schwingungsfrequenzen in einen anderen Schwingungszustand, d. h., die Ummodulation unseres ICH's in eine andere nichtmaterielle Welt.
Es ist sehr wichtig, daß dieser Übergang von einem Schwingungszustand, von einer Welt in eine andere Welt, eine sehr schöne, erhabene Sache ist. Man spürt keinen Schmerz, da dieser mit dem Leib und Körper verbunden ist. Man spürt auch keine Angst. Im Gegenteil, es ist eine Art von Euphorie in vollständiger Harmonie. Vor dem Tod habe ich keine Angst mehr. Aber was passiert, bis es soweit ist, bis das Herz stillsteht?
Man kann Angst haben vor dem prämortalen Zustand, d. h. vor der Zeit, bis das Herz endlich zum Stillstand kommt. Mit anderen Worten: wir alle haben Angst vor dem Leiden, vor dem Prozeß des Todes. Dieser kann langsam, z. B. durch Krankheit, oder schnell, durch einen Schock, vor sich gehen. Doch der Körper bzw. jede einzelne Zelle, welche noch Lebensenergiepotential aufweist, kämpft für das Leben und will den Stoffwechsel aufrechterhalten und weiterführen, bis die Lebensenergie endgültig entzogen wird.

Angesichts des kommenden Todes kann man Todesangst verspüren. Ich selber erlebte diese Angst zweimal in direkter Todesgefahr. Das erste Mal während der ungarischen Revolution, als ich in Budapest von den Russen angeschossen wurde, und das zweite Mal, als ich kurz vor dem Zusammenstoß den Lastwagen auf uns zurasen sah. Hier hat man Halluzinationen. Man sieht auch Bilder vom Leben, die aus dem Unbewußten aufsteigen. Aber diese Bild-Halluzinationen haben keine plastische Ausdrucksweise und auch keine Reihenfolge und sind mit dem Urteil nicht verbunden.
Ich würde diese Erscheinungen gegenüber dem Lebensfilm als flache Diapositiv-Projektionen bezeichnen. Sie haben mit dem Lebensfilm des Todes nichts zu tun. Diese Halluzinationen sind eher einem Traum ähnlich und können auch wie ein Traum gedeutet werden, z. B. Wunschträume in der Hoffnung, die verstorbenen Verwandten oder Freunde zu treffen usw. Sie stammen aus dem Unbewußten. Viele Menschen verwechseln diese Halluzinationen mit dem Lebensfilm, welcher unbedingt mit dem URTEIL verbunden ist.

... *Über das Urteil:*

Was das Urteil während des Lebensfilmes betrifft, so ist es sehr bezeichnend, daß ich selber dieses Urteil fällte, nicht irgend ein Gott oder astraler Richter. Nicht der allmächtige Gott von Michelangelo in der Sixtinischen Kapelle, nicht der im apokalyptischen Feuer erscheinende Richter von Johannes, nein, ich selber, d. h. mein ICH-Bewußtsein, hatte durch mein eigenes Gewissen die Bilanz zu ziehen. Mit meinem plötzlich sehr sensitiv gewordenen Göttlichen Prinzip, das in jedem als Kernstück und Ursprung seines eigenen ICH-Bewußtseins verborgen ist, konnte ich klar erkennen, ob ich in dieser oder jener Situation richtig gehandelt oder mich richtig verhalten, das Problem richtig gelöst, die Probe bestanden hatte oder nicht.

Im Zusammenhang mit dem Urteil machte ich eine meiner
wichtigsten Erfahrungen:

> „Ich beurteilte mich nicht nach irdischen Moral-
> gesetzen, sondern nach dem kosmischen Harmonie-
> gesetz der Liebe."

Lange Zeit habe ich im Spital liegend darüber nachgedacht, wie
ich dieses Phänomen entziffern könnte. Warum habe ich eine
Handlung als POSITIV beurteilt, obwohl ich gegen die bestehenden moralischen, christlichen Gesetze, den Staat und die
Gewohnheiten der Gesellschaft verstoßen hatte?
Warum verurteilte ich mich andererseits für sogenannte „gute
Taten", bei denen ich sogar gegen mich selbst Zurückhaltung,
Enthaltung, eine Art von Askese geübt hatte? Wie war das
möglich? Habe ich mich im Leben oft falsch verhalten? War
damals meine Beurteilung der Situationen nach den herrschen-
den moralischen Gesetzen falsch, oder sind die vom Menschen
abgefaßten Gesetze falsch?
Ich bin heute überzeugt, daß die Taten und Gedanken positiv
und als gut bewertet werden, die selbstloser Liebe entspringen,
und in denen die geistige Weiterentwicklung, eine Bereicherung
des ICH, als Bestandteil zu erkennen war.
Liebe, Selbstlosigkeit, Freiwilligkeit, allgemeine Gerechtigkeit,
gute Gedanken, guter Wille und Harmonie waren die Haupt-
merkmale der Entscheidungen und Situationen, die ich als „gut"
oder „positiv" bewertet habe.
Der Ursprung dieser Entscheidungen bzw. Lösungen entstamm-
te meinem eigenen ICH. Initiant dafür war der tief in mir
verborgene Gottesfunke, d. h. mein Göttliches Überbewußtsein.
Hingegen werden als negative Entscheidungen die Gedanken
oder Taten beurteilt, die durch egoistische Hintergedanken
entstanden, die nicht ehrlich waren und mit denen ich anderen
Nachteile oder Schaden zugefügt habe. Dies gilt auch dann,
wenn sie der Welt als „gut" erschienen. Schlecht wurden auch die

Entscheidungen beurteilt, bei denen ich jemandem etwas aufzwang, sei es eine Handlung, eine Idee, eine Meinung, oder wenn ich eine Handlung erpreßte. Diese Taten stellten alle einen Eingriff in den Lebensablauf des anderen dar, eine Einschränkung des freien Willens einer Person. Dasselbe galt auch, wenn ich mir selbst — aus irgendeinem Grund — etwas aufzwang, mich quasi selbst vergewaltigte, die Erfüllung meines Schicksals dadurch verhinderte. Negativ waren die Entscheidungen, denen ein böswilliger Ursprung wie Haß, Rache, Neid, Machtgier, Geldgier, Habsucht, Eitelkeit, Eifersucht, Stolz usw. zugrunde lag und durch die ich somit gegen das kosmische Harmonie-Gesetz handelte.

Wenn ich jetzt darüber nachdenke, welche Szenen ich im Tod als nicht gut erlebt habe, erschrecke ich darüber, wie viele sogenannte gute Taten, d. h. diejenigen, die ich mit pflichtbewußtem Willen vollbracht habe, um jemanden glücklich zu machen, die also mit Selbstaufopferung und Rücksicht auf andere verbunden waren, nicht in die positiven harmonischen Szenen eingereiht wurden. Ich habe oft darüber nachgedacht. Aber plötzlich erkannte ich, daß man die göttliche Harmonie stört, wenn man sogenannte „gute Taten" erzwingt, denn das Göttliche ist ohne jeden Zwang.

Ich erkannte auch, daß unsere Moralbegriffe im Jenseits keine Gültigkeit haben. Seit jener Zeit bin ich allen menschlichen Moralbegriffen gegenüber kritisch eingestellt.

Ich habe mich sehr viel mit diesen Problemen beschäftigt und tue dies auch weiterhin. Heute scheint es mir, daß die negativen Gedanken und Taten immer mein Versagen darstellten, bei welchem es mir nicht gelang, Proben des Lebens zu bestehen, mit Proben der Vergangenheit fertigzuwerden und mich von diesen Belastungen zu befreien.

Bei der Beurteilung spürte ich, daß das ganze Leben eine Probe war, voll mit Problemen, Hindernissen und Hürden. Wichtig war, wie ich diese Probleme, diese Situationen im Sinne der Harmonie löste. Gelang mir das, so spürte ich große Freude. Gelang es mir nicht, so verspürte ich tiefes Bedauern über mein

Versagen. Aber auch durch das Eingestehen und echter Reue öffnete sich die Tür der Göttlichen Vergebung.
Danach wurden die Gedanken und Taten, die einen Verstoß gegen das Gesetz der Harmonie und der Liebe darstellten, ausgeblendet und verschwanden. Warum? Ich glaube einfach deshalb, weil im Gottesprinzip nichts Böses enthalten ist.
Es blieben nur die positiven, glücklichen und harmonischen Ereignisse, die bestandenen Prüfungen als Gesamterlebnis, die ich alle wieder gleichzeitig, d. h. in sogenannter „Nullzeit", als die schönste Illusion erlebte. Man kann sagen, daß man nur die guten Noten mitnimmt — um mich eines Gleichnisses aus der Schule zu bedienen. Die nicht bestandenen Prüfungen in den einzelnen Fächern muß man wieder versuchen, bis es uns einmal gelingt, sie zu bestehen. Dies könnte die sogenannte karmische Belastung darstellen.
Die christlichen Begriffe Himmel — Fegefeuer — Hölle sind meiner Meinung nach symbolisch gemeint; sie existieren als solche nicht. Es sind keine Orte, sondern Zustände des ICH-Bewußtseins. Es ist sehr verlockend für mich, das Erdenleben heute mit dem Fegefeuerzustand zu identifizieren und die Reinkarnation in mein Denkgebäude einzubauen. Diese Hypothese hilft mir, viele Probleme zu lösen und den Sinn des Erdenlebens zu erkennen. Die Reinkarnation ist mit schulwissenschaftlichen Methoden nicht nachzuweisen. Aber sie ist Bestandteil meiner Erkenntnis aus dem klinisch toten Zustand. Es scheint mir persönlich unmöglich, während eines einzigen Lebens die vor uns stehende Entwicklung zu erreichen. Deshalb ist unser Erdenleben ein Glied einer Kette des in die materielle Welt inkarnierten ICH-Bewußtseins.
Wie viele Male? Ich weiß es nicht. Ich ahne aber seit meinem Tod, daß ich bereits mehrmals gelebt habe.
Der Lebensfilm war bisher mein großartigstes Erlebnis. Ich konnte als Beobachter ganz deutlich sehen, wer ICH bin und wie ICH bin!
Es war eine dramatische Vorführung des eigenen Charakters mit allen im ICH verwurzelten guten und schlechten Eigenschaften.

Eine Selbsterkenntnis, wie sie sonst nie möglich ist, wurde dargeboten. Ein schmerzliches Erwachen: Bin ich wirklich so? War ich in so vielen Fällen ein Versager, ein Schwächling? Die Ausreden bei den schlechten Gedanken und Taten — seien es religiöse Gebote und Verbote, moralische, staatliche Vorschriften, Veranlagungen, geerbte Eigenschaften, Sternzeichen, Erziehung, Umwelteinflüsse usw. — haben keine Gültigkeit und keine Wirkung. Entblößt steht man vor sich selbst: „ICH BIN leider so."

Der Lebensfilm zeigte mir, daß wir für alle Gedanken und Taten die Verantwortung zu tragen haben. Auch die Gedanken, da diese zur Verwirklichung streben, sind drüben Realität. Da das ICH-Bewußtsein die Entscheidungen fällt, sind diese wichtig und nicht das erzielte Resultat, denn die Kausalität gilt nur in der materiellen Welt und hat im mentalen, geistigen Bereich keine Gültigkeit. Die Gedanken sind wichtig!

Der Lebensfilm ist die großartigste Schule des ICH, die letzte und wichtigste Herausforderung nach einem Leben, die wichtigste Station des Individuationsprozesses.

Er zeigte mir, daß unser Ziel die geistige Entwicklung ist. Alles was mit uns in einem Leben passiert, können wir für die geistige Entwicklung nutzen und damit Schritt für Schritt höher steigen.

Der Lebensfilm hat mir gezeigt, daß das Gott-Prinzip das Absolute ist, das Positive, Gute, das Prinzip, welches wir als die absolute Liebe bezeichnen können. Paulus hat diese Liebe im 1. Korintherbrief, Kapitel 13, so schön formuliert.

Meiner Meinung nach gibt es in dieser von Gott geschaffenen Welt nichts Böses, wie es auch keine Finsternis gibt. Finsternis ist Mangel an Licht. Böses ist Mangel an Gutem. Wir sollten bewußt das Gute in uns, das Prinzip der Liebe, aktivieren. Dadurch verdrängen wir automatisch das Negative, das Böse. Wir sollten die positiven Schwingungen in uns bewußt durch unseren Geist stärken und mobilisieren.

Eine Analogie: Es gibt keine schwarze Farbe. Schwarz ist das Fehlen von Farben überhaupt. Alle Farben zusammen ergeben die leuchtende, klare Farbe Weiß. Wer im Tod die weiße Farbe, das Licht gesehen hat, bleibt lebenslang verzaubert von diesem Erlebnis und sucht immer wieder das Licht.

. . . Über das Leben

Was das jetzige Erdenleben betrifft, kam ich nach der Beurteilung meiner Gedanken und Taten zu dem Schluß, daß wir das Leben BEJAHEN sollen. Wir sollten negative Gedanken und Taten vermeiden. Aber das heißt nicht, daß wir auf alle schönen Dinge im Leben verzichten müssen. Askese ist etwas unnatürliches, etwas aufgezwungenes, nicht menschlich. Wenn man mit bewußten positiven Gedanken ißt, trinkt, sich vergnügt, ein normales sexuelles Leben führt, den Körper pflegt, lacht, Späße macht, fröhlich ist — erfüllt man die Rolle als MENSCH. Wichtig ist, daß alles harmonisch, natürlich erfolgt. „Gib dem Kaiser, was des Kaisers ist — und Gott, was Gottes ist" — wie es in der Bibel steht.

Wir sind in die materielle Raum-Zeit-Welt eingebettet, in der wir das ersehnte Glück nie erreichen werden. Deshalb sollten wir auf dieser Erde so gut und so schön wie möglich leben, Schwierigkeiten, Sorgen und Kummer dagegen über uns ergehen lassen und nicht mehr daran denken, vergessen.

Die Proben des Lebens sind oft schwer, man fühlt, daß sie manchmal unsere Kräfte übersteigen und wir noch von irgendwoher Kraft schöpfen müssen. Die Probe aber müssen wir selbst bestehen, die Kraft dazu ist in uns verborgen. Die Göttliche Kraft ist der Göttliche Funke in uns, der Kern des ICH's. Wir müssen uns bewußt werden: IN MIR IST DIE GÖTTLICHE KRAFT, mit der ich alles im positiven Sinne lösen kann. Bewußt sollen wir die Kraft in uns aktivieren: Sie soll unser Leben im Zeichen der Liebe gestalten. Negativum ist Mangel an POSITIVUM, Böses ist Mangel an GUTEM, Disharmonie ist Mangel an HARMONIE.

Natürlich können wir Wünsche haben; aber diese Wünsche sollten positiv sein und nicht gegen die Vernunft oder gegen die harmonischen Gesetze der Natur verstoßen. Wünsche, die dem Zweck unserer derzeitigen Inkarnation zuwiderlaufen, die wir mit allen Mitteln erzwingen wollen, sind falsche Vorstellungen und belasten uns noch im Augenblick des Todes. Niemals sollten wir etwas begehren, was anderen zum Nachteil wird, niemals versuchen, das Schicksal eines anderen gegen seinen Willen zu ändern! Deshalb müssen wir versuchen, unser wahres Wollen zu erkennen. Wir wollen nichts erstreben, was uns geistig ärmer macht, sondern die geistige Entwicklung mit unseren Taten fördern.

Alles, was mit dieser materiellen Welt zusammenhängt, ist im Grunde genommen nicht wesentlich: Reichtum, Erfolg, Ruhm usw. Diejenigen, die nur danach streben, sind vom Standpunkt der geistigen Entwicklung aus arme, gebundene, mit Materie behaftete Menschen, die für die Außenwelt leben. Das wahre Glück ist aber nicht in der Außenwelt zu suchen, sondern in uns selbst. Je mehr wir uns von den materiellen Hemmnissen und Bindungen lösen und uns der Göttlichen Liebe überlassen, desto mehr Chancen haben wir, harmonisch und glücklich zu leben. Es ist so, wie der Dichter sagte: „Je tiefer in Dich zurück, desto höher im Himmel . . ."

Wir sollten nur Positives, Aufbauendes anstreben, das die Fülle mehrt, das Glück und Freude schafft. Formen wir bewußt unser Leben nach positiven Prinzipien! Alles was Freude bereitet, ist positiv, solche Taten bringen Glück. Wir sollen bewußt die Schönheit des Lebens in jeder Lage, in jedem Alter erkennen. Mit anderen Worten: Das Leben bejahen und nicht beklagen. Wir sollten so viel Schönes, Positives herausholen, wie das nur möglich ist. Das Ende ist unweigerlich der Tod, als Abschluß und als Anfang.

. . . Über das Ziel des Lebens

Wir alle werden einmal sterben. Der Tod kommt uns unweigerlich entgegen. Wir müssen mit dem Gedanken an das Sterben leben, den Tod in unser Erdenleben einbeziehen. Er ist nicht weltfremd, schrecklich und unnatürlich, im Gegenteil: Wir müssen den Tod BEJAHEN, wie wir das Leben bejahen, denn er ist ein natürlicher Bestandteil, die Ergänzung des Lebens. Der TOD ist nicht das ENDE des ICH-BEWUSSTSEINS.
Er ist keine Persönlichkeitsveränderung, weil die Persönlichkeit nicht an den sterbenden Leib gebunden ist. Für das ICH-Bewußtsein werden nur die Wahrnehmungsmöglichkeiten geändert und neue Dimensionen in nicht-materiellen Existenzbereichen geöffnet.

Eine meiner Thesen über Leben und Tod lautet:
„Während des Todes erlebt das ICH eine enorme Bewußtseinserweiterung in anderen Ebenen, welche nur durch die Befreiung vom materiellen Körper möglich ist."

Ich stand damals an der Schwelle des Todes. Die Tür ging ein wenig auf und ein kleiner Einblick durch die Türspalte wurde mir gewährt. Ein leuchtendes Licht erstrahlte darin und beleuchtete die bisher im Nebel der Unwissenheit eingehüllten Probleme. Damit wurde mir klar, daß es das Ziel des Lebens ist, die Proben, die uns das Schicksal stellt, so zu bestehen, daß anderen Menschen kein Schaden zugefügt und das kosmische Gesetz der Liebe nicht gestört wird. Alle Taten und Gedanken sollen der selbstlosen Liebe entspringen. Liebe ist das Prinzip der Harmonie.
Bestehen wir alle gestellten Proben des Lebens im oben erwähnten Sinne, so dürfen wir uns von der materiellen Welt lösen und können in den höheren Welten, Sphären weiterleben, um uns auch dort wieder zu bewähren. Bestehen wir die Proben des Lebens nicht, oder nur zum Teil, so müssen wir sehr wahrscheinlich auf irgendeine Art einen neuen Anlauf nehmen. In einer

neuen Inkarnation werden wir wieder mit denselben nicht gut gelösten Problemen in derselben Situation konfrontiert. Ein Ausweichen gibt es nicht.
Die ganze Schöpfung ist durch unfaßbare Energien entstanden und der Kosmos wird durch diese göttliche Energie zusammengehalten. Losgelöst vom Körper habe ich diese Energie geahnt. Ich bezeichne sie als LIEBE.
„Liebe deinen Nächsten wie dich selbst", ist die größte Lehre Jesu.
Dieser große Gedanke beinhaltet:
Liebe dich selbst, tue nichts gegen dich, nichts, was deinem Körper, deiner Seele oder deinem Geist schadet.
Und liebe deinen Nächsten. Tue deinem Mitmenschen nie etwas Böses, Nachteiliges.
Wenn wir dies versuchen wollen, so kann die Erde wieder zum Garten Eden werden, wie sie das einst war.
Wenn man versucht, die Liebe im Leben walten zu lassen, macht man weniger Fehler und kommt näher ans Ziel. Man wird beim Urteil im Tod besser dastehen.

... Über den Kosmos

Eine der größten Erkenntnisse, die mir während des Todes und nach den vielen Meditationsstunden zuteil wurde, ist das Schwingungsprinzip. Ich habe im astralen Bereich, bzw. in den fünfdimensionalen Schwingungen gespürt, daß wir aus der Allgottheit stammen.
Ich bin jetzt überzeugt, daß alles, was wir überhaupt mit unseren sehr begrenzten Sinnesorganen und mit unserer Seele empfinden können, nur aus Energieschwingungen besteht. Diese Tatsache wird in vielen Philosophien und Riten, in denen das Wort Gott, d. h. der Sinn Gottes, verlorengegangen ist, erwähnt. Und die Menschen suchen bewußt oder unbewußt, dieses Urprinzip zu verstehen und es wiederzufinden.

Was ist die schwingende Energie? Gott selbst! Dieses verborgene Geheimnis wurde mir offenbart.
Gleichzeitig sind wir uns bewußt, daß wir dieses Urprinzip mit unseren normalen Sinnesorganen und unserem normalen Gehirn nie wahrnehmen bzw. verstehen können. Wir können es lediglich mit unserer Seele spüren und mit unserem Geist ahnen.
Für mich stellt sich „Gott" seit dieser Zeit als Urenergiequelle dar. Diese Quelle ist unerschöpflich und zeitlos, sie strahlt ständig Energie aus, absorbiert auch selber Energie, pulsiert ständig. Sie ist in sich absolut und hat um sich und in sich eine unendlich harmonische Schwingung, d. h. sie ist die vollendete Harmonie.
Alles — sei es Materie, Emotionen, Gedanken, schöpferische Ideen, Lebensenergie usw. — ist ein kleiner Frequenzbereich dieser Urschwingung und stellt einen kleinen Teil dieser Urenergiequelle dar.
Es stellt sich die Frage nach dem Wesen der Materie:
Was ist z. B. Materie? Wir wissen bereits, daß die Atome keine materiellen Kügelchen sind, sondern daß sie aus elektromagnetischer Energie bestehen. Es sind in sich kleine Sonnensysteme, wobei die damaligen Kügelchen gemäß der Bohrschen These nichts anderes sind als konzentrierte Energie.
Das Atom irgendeiner Materie — sei dies die schwerste und komplizierteste Uranart — ist im Grunde genommen keine feste Materie, sondern ein leerer Raum. Darin sind vermutlich in großen Abständen Energiekonzentrationen vorhanden. Schauen wir zum Firmament, so besteht der Kosmos aus unzähligen Sonnensystemen. Aber was ist dies für eine Konzentration? Das Sonnensystem ist ebenfalls ein leerer Raum, ebenso leer ist ein Atom der Materie. Die Materie ist also alles andere als fest, man kann durch sie hindurchdringen. Dies ist jedoch nur mehrdimensionalen Gegenständen oder Wesenheiten möglich.
Jedes Atom hat eine andere Schwingungsfrequenz, aus der die physischen Eigenschaften dieser Materie gebildet werden. So können wir die chemischen Elemente definieren. Diese Elemente

sind durch chemische Verbindungen verschiedenster Art zusammengesetzt; und diese Verbindungen haben wiederum verschiedenste Schwingungen. Ein feinfühliger Mensch kann die verschiedenen Materien durch das Spüren unterscheiden und erkennen.

Ich bin überzeugt, daß der ganze Kosmos aus Schwingungen besteht. Quelle aller Energien ist die Gottheit selbst. Mit anderen Worten: Gott ist die Schwingung selbst. Alles ist Gott oder alles ist Schwingung.

Die Wellenlängen aller existierenden Schwingungen sind unzählige, ebenso die Wellenbereiche und Frequenzbereiche. Alle diese Schwingungen durchdringen einander ohne sich zu beeinflussen. Aus jedem Schwingungsbereich könnte eine gewisse Welt entstehen oder aufgebaut werden. So ist z. B. auch die materielle Welt aus einer Gruppe von Schwingungen aufgebaut, die einen ganz schmalen Bereich in den unendlichen Frequenzmöglichkeiten darstellen.

Da die verschiedenen Schwingungsbereiche verschiedene Welten darstellen und da gewisse Schwingungen andere, mit denen sie nicht korrespondieren, auch nicht beeinflussen, kann man sich vorstellen, daß gleichzeitig am gleichen Ort verschiedene Welten existieren können. Es scheint paradox zu sein, was ich hier sage, jedoch durchaus möglich. Aber es wird sofort für jedermann verständlich sein, wenn man daran denkt, daß unsere materielle Welt mit elektromagnetischen Schwingungen ganz und gar durchdrungen ist, ohne daß wir dies überhaupt merken. Radiowellen durchdringen den Äther, und wenn wir an ein Wesen denken, dessen Existenz elektromagnetisch ist, kann dieses Wesen unseren Körper, unsere Häuser, die Natur, durchdringen ohne dabei irgendwelchen Schaden anzurichten.

Alle diese Schwingungen sind nur mit geeigneten Organen oder Instrumenten erkennbar. Diese sind zur Wahrnehmung von gewissen Frequenzbereichen erschaffen worden. Für alle anderen sind sie unempfindlich. Entsprechende Beweise von einem anderen Schwingungsbereich, d. h. von entfernt liegenden Welten, sind nicht möglich. Diese sind nur durch Logik und philosophische Erkenntnisse sowie durch Erleuchtung höherer Intelligenzen wahrnehmbar bzw. erfaßbar.

In bestimmten Frequenzbereichen (sei es im materiellen, seelischen oder geistigen Bereich) liegende Schwingungen sind sehr verschieden und unterliegen dem Gesetz der Harmonie. So wie in der Musik gewisse Töne harmonisch zusammenpassen, d. h. eine gewisse Verwandtschaft von Terz, Oktaven usw. bilden, bestehen in jedem Schwingungsbereich untereinander harmonisierende, aber auch nicht harmonisierende sowie neutrale Schwingungen.

Durch diese Erkenntnis kann man die chemische Affinität, die zur Formung der Materie notwendig ist, verstehen. Gewisse Elemente haben eine starke Affinität, d. h. eine starke Anziehungskraft, und die Moleküle, die von diesen Elementen gebildet werden, sind sehr stabil. Andere Molekülkonstruktionen sind labil, da die Anziehungskraft, d. h. das harmonische Nebeneinandersein von gewissen Elementen, nicht vorhanden ist.

Wir können Harmonie und Disharmonie nicht nur in der materiellen, sondern auch in der psychischen Welt erkennen. In der Welt der Seele gibt es Gefühle wie Sympathie, Antipathie, Liebe, Anziehung, Abstoßung, Haß usw. Dies erleben wir tagtäglich. Ebenso ist es sehr gut möglich, daß sich Geister in höheren Sphären verständigen können; sie brauchen nur zu denken und verstehen sich schon, denn sie stimmen irgendwie überein.

Die Grundlage der Schwingungslehre ist, daß verschiedene Welten aus verschiedenen Schwingungen gebildet werden. Die Höhe dieser Schwingungen bzw. die Frequenzen bestimmen die Eigenschaften dieser verschiedenen Welten. Daher sind ein-, zwei-, drei-, vier- und fünfdimensionale Welten vorhanden, oder wir können uns entsprechend sechs-, sieben- usw. dimensionale Welten erdenken. Die 5. Dimension kann man z. B. mathematisch erfassen, aber wir können sie uns nur sehr schwer vorstellen, da wir sie mit unserem vierdimensionalen Hirn nicht richtig erfassen können. Ein vierdimensionales Wesen kann

nicht in den fünfdimensionalen Raum aufsteigen. Ebenso kann ein vierdimensionales Wesen nicht in den dreidimensionalen Raum hinabsteigen. Jede Welt hat ihre ganz bestimmten Gesetze. Der Übergang von einer Dimension in die andere ist nur durch Schwingungsänderung möglich. Dies ändert auch das Prinzip der Wesen. Entweder wird die Schwingungsfrequenz erhöht, d. h. man geht auf eine höhere Ebene hinauf, oder die Schwingungsfrequenz wird reduziert, dann steigt man hinab. In der Bibel und in allen anderen Religionen findet man sehr viele Beispiele, wie eine Seele in die höheren Sphären hinaufsteigt oder Wesen von höheren Sphären in unseren vierdimensionalen Raum hinabsteigen und hier als Menschen neu geboren werden.
Ich habe geahnt, daß ich sofort wieder ins Leben zurückkehren, oder später wieder neu geboren werden sollte, um alles besser zu machen als bisher. Und diese Geburt wird mit einer Schwingungsänderung verbunden sein. Auch der Tod ist eine Anpassung, eine Ummodulierung der eigenen Schwingung an die Grundschwingungen der „höheren", nicht materiellen Welt.

V. Gedanken über den Sinn des Lebens

Lassen Sie mich nun einige Gedanken über den Sinn des Lebens und über das richtige Verhalten im Erdenleben entwickeln. Einstein sagte einmal: „Wir sind nur für einen kurzen Aufenthalt auf dieser Erde, aber wir wissen nicht warum."

Ich persönlich habe während des klinisch toten Zustandes geahnt oder gespürt, daß ich wieder zurückkehren muß und — wie ich damals formulierte — eine gute Chance für das „richtige Leben" bekommen würde.

Das größte und wichtigste Problem ist nicht, wie wir uns die ganze kosmische Struktur vorstellen oder wie wir den Gottesbegriff formulieren; auch nicht, wie wir das Gottesprinzip mit naturwissenschaftlicher Forschung im Makro- und Mikrokosmos erahnen, sondern für uns drängt sich die praktische Frage auf: „Was kann das Ziel meines Lebens sein?" bzw. „Wie soll ich leben, um dieses Ziel erreichen zu können?" Unser Dasein kann nicht sinnlos sein, da wir in einem so großartigen, sinnvollen Universum eingebettet sind.

Alle Vorgänge, in den kleinsten Partikeln ebenso wie im Entstehen und Vergehen von Galaxien und Welten, haben für mich, seit ich zurückkehren „mußte" oder „durfte", einen Sinn. Ob wir diesen Sinn erkennen oder nicht, ist irrelevant. Alles hat seinen Sinn! Dieser Sinn ist der Plan, die Idee des Allmächtigen Baumeisters aller Welten: A. B. A. W.

Reduzieren wir die enormen Weltperspektiven auf uns selbst und sehen wir, was das Ziel unseres jetzigen Erdenlebens sein könnte.

Unsere Geburt war ein Übergang von jenseitiger Existenz, durch Inkarnation des Geistes in diesen materiellen Daseinsplan.
Ist nun der Tod ein Übergang in ein anderes Bewußtsein? Falls ja, stellt sich uns die Frage: Wie sollen wir leben bis dahin? Wie sollen wir unser Leben steuern, lenken?

$$E = m c^2$$

Gott, der „allmächtige Baumeister aller Welten", Bible moralisée (um 1250, österr. Nationalbibliothek, Wien).

Es gibt viele Hebel, Knöpfe und Instrumente im Cockpit eines Flugzeuges. Der Kapitän muß sich auskennen, wissen, wofür diese da sind, wie man sie bedienen muß, um im mehrdimensionalen Zeit-Raum richtig fliegen und gut landen zu können (siehe Abb. Seite 90). So einfach ist es aber nicht.
Frage: Wie kann ich Kapitän meines Lebens werden?
Viele, viele Menschen in den verschiedensten Epochen, auf verschiedenen Entwicklungsstufen, aus verschiedenen Nationen und von verschiedenster Herkunft haben sich über das Ziel des Lebens Gedanken gemacht: Propheten, Heilige, Jesus selbst; große Denker des Abendlandes wie Plato, Paulus, Erasmus, Thomas Morus, Luther, Teilhard de Chardin; große Wissenschaftler wie Descartes, Einstein, Bohr, Jeans, Planck und Wernher von Braun. Es sind viele Meinungen von Leonardo da Vinci bis Goethe bekannt. Große Denker aus dem Osten wie Con-Fu-Tshe, Buddha, Krishna, viele Gurus und Yogis, haben uns mit schönen Gedanken bereichert.
In der Realität aber müssen wir leider wahrnehmen, daß das Leben „hier", unser Existenzkampf, unser gesellschaftliches Leben, ein gestörtes Gleichgewicht aufweist. Deshalb kann es sich nicht in stets wachsender Harmonie und Schönheit entfalten. Wir müssen erkennen, daß das Leben unerwartete Entwicklungen und dramatische Veränderungen mit sich bringt; von bleibendem Glück und Harmonie ist keine Rede. Wir können uns zwar zeitlich begrenzt „glücklich" fühlen, aber unser ganzes Bestehen von Stunde zu Stunde, von Tag zu Tag, von Jahr zu Jahr, ist im Grunde genommen eine ununterbrochene Kette von Problemen und ein Aneinanderreihen von Zwischenfällen. Diese sind Folgen von Störungen in unserem eigenen Bestehen als Mensch, auf unserer körperlich-seelisch-geistigen Ebene, oder Folgen von gestörten zwischenmenschlichen Beziehungen, in die wir unwillkürlich hineingeraten sind und denen wir uns nicht entziehen können.
Wir müssen kämpfen um zu bestehen, und zwar nicht nur biologisch gesehen, sondern als Individuum, als Mensch, der sich ein Ziel vorstellt. Unser Leben ist in jedem Fall ein Leben der

Selbstbehauptung. Wir nennen den Kampf, uns biologisch aufrecht zu erhalten, uns geistig nur einigermaßen zu entfalten und unseren Gefühlen entsprechend zu existieren: LEBEN. Mit anderen Worten: Es scheint, das einzige Ziel unseres Lebens ist das Leben selbst. Ist es so schön, so wertvoll, so begehrenswert, daß der einzige Sinn darin besteht, sich am Leben zu erhalten? Der wichtigste Faktor ist doch nebst der Erhaltung in biologisch/materiellem Sinne die geistige Entwicklung in Richtung Erkenntnis. Ich wage zu sagen, daß das Lebensziel der Tod, der Übergang in höhere Welten ist. Oder mit anderen Worten, sich im Leben so zu bewähren, daß eine Bilanz positiv ausfällt und der Tod uns endgültig von diesem irdischen Leben erlöst.

Wir haben bereits gesehen, daß der Tod für das Ich-Bewußtsein die größte und letzte Herausforderung des Lebens ist. Und der Lebensfilm im Tod ist die größte Schule des Individuationsprozesses in der Entwicklung.

Durch das Wiedererfahren des Lebens erhält die Persönlichkeit, das Ich-Bewußtsein, eine einmalige Chance, sich mit sich selbst auseinanderzusetzen, sich zu erkennen, seine Individualität zu bestätigen und sich dadurch in einen anderen Zustand aufzuschwingen. Man sollte den Tod nicht als Ergebnis eines biologischen Funktionsdefektes, als ein Ende des Daseins auffassen, sondern als große persönliche Aufgabe erkennen. Ich sagte nach der Wiederbelebung: „Der Tod ist ‚EINWEIHUNG'."

Als Resultat meiner persönlichen Erkenntnisse kann ich das Ziel meines Erdenlebens sehr einfach formulieren:

> „Ich muß versuchen, alle meine Tage, Stunden und Minuten so zu gestalten und entsprechende Entscheidungen so treffen, daß ich nicht wieder in einen materiellen Körper und auf diese Erde zurückkehren muß, und daß sich mein ICH nach meinem nächsten Tod körperlos in „höhere" Existenzrealitäten hochschwingen kann."

DIE VERSCHIEDENEN „SCHALEN" DES MENSCHEN

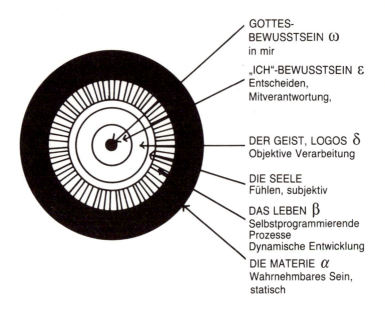

GOTTES-BEWUSSTSEIN ω
in mir

„ICH"-BEWUSSTSEIN ε
Entscheiden,
Mitverantwortung,

DER GEIST, LOGOS δ
Objektive Verarbeitung

DIE SEELE
Fühlen, subjektiv

DAS LEBEN β
Selbstprogrammierende Prozesse
Dynamische Entwicklung

DIE MATERIE α
Wahrnehmbares Sein, statisch

EXISTENZ DES „ICH"S DURCH MEHRERE LEBEN:

„Höherer" Schwingungs-Bereich — Nichtmaterielle Welt:
Jenseits = R 5, 6 → ∞

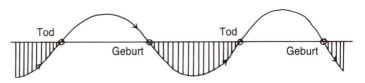

„Niedrigerer" Schwingungsbereich materiell „erschaffene" Welt:
Diesseits = R 4

Bildlich gesprochen haben wir — d. h. unser ICH-Bewußtsein — mehrere „Hüllen" bzw. „Schalen" um uns. Die jetzige „äußerste" ist der materielle Leib, an dem die Proben des Körpers haften. Dann, nach dem Ablegen des Körpers — der äußersten Schale — kommt die nächste zum Vorschein, d. h. die Seele, an welcher die Emotionen haften. Nach der Bewährung in solchen Existenzebenen können wir auch diese ablegen — um so weiter durch Reinkarnationen in höhere Ebenen zu gelangen, bis der „eingeschlossene" Geist, das wahre Göttliche ICH, frei wird.
In dieser vereinfachten Darstellung sind drei grundsätzliche Überlegungen und Prinzipien enthalten:

1. Unser jetziges Leben ist ein separater Abschnitt unserer kosmischen Existenz, welcher uns als einmalige Realität erscheint. Deshalb behaupten die Materialisten — natürlich falsch — das Leben sei „einmalig". Unsere Rollen in früheren Durchgängen sind für das jetzige Leben irrelevant. Wir haben genügend Kräfte, um die Proben und Prüfungen des jetzigen Lebens zu meistern. Die Chance ist uns gegeben. Das Ziel des Erdenlebens ist, das jetzige Leben positiv zu gestalten und die Lebensproben so rasch und so gut wie möglich zu bestehen, um dadurch ein „Zeugnis" zu erhalten mit der Bemerkung:
„Bestanden! Promoviert in die nächsthöhere Klasse!"
Wir haben die Chance zu einem Veredelungsprozeß in diesem Leben, die wir voll ausnützen können.

2. Das jetzige Erdenleben ist ein Glied einer Kette von Durchgängen, von Reinkarnationen. Warum ist das so? Mit Sicherheit weiß das niemand. Menschliches Verständnis läßt die Behauptung zu, daß wir uns so oft wiederverkörpern müssen bis wir für den Aufstieg in höhere Daseinsebenen als würdig befunden werden. Das Ziel dieser Kette von Reinkarnationen ist geistige Entwicklung.

3. Auf jeder Existenzebene müssen wir eine ähnliche Entwicklung durchmachen. So können wir uns immer wieder geistig in einen höheren, reineren Existenzzustand aufschwingen.

Ziel des Lebens: „Die geistige Entwicklung" (Holzschnitt).

Auf jeder Existenzebene steht am Ende immer ein Aufstieg: „Höher mein Gott zu Dir", zum UR-SPRUNG, zum reinen Geist, mit dem schließlich die UR-VEREINIGUNG vollzogen werden kann. Der Wassertropfen von Goethe ist damit in den unendlichen Ozean zurückgekehrt. So kehren wir zu GOTT zurück. Dieser Zustand ist der Himmel — das Endziel unseres Daseins.

Nun wagen wir einen Versuch, diese drei Grundgedanken ein wenig zu bearbeiten und nützliche Hinweise für unser jetziges Leben auszuarbeiten.

Problemstellung

Welchen Sinn können wir in unserem Leben erkennen?
Wenn wir die drei Grundgedanken als richtig annehmen, können wir einen Trend, einen roten Faden, erkennen — was ich auch während meines Lebensfilmes klar und deutlich gespürt habe — nämlich, die ganze Regie unseres heutigen irdischen Lebens bis zur endgültigen Vereinigung mit Gott ist auf die Evolution, die geistige Entwicklung, ausgerichtet. Das Fernziel ist die Vereinigung mit Gott; das Ziel des jetzigen Lebens ist: durch Entwicklung step-by-step diesem Endziel näher zu kommen. Wenn wir fragen: „Wie ist das möglich?", kann es nur eine Antwort geben:

> „Sich durch kosmisch richtiges Verhalten in allen Lebenssituationen zu bewähren und damit so viele Prüfungen wie möglich abzulegen."

Dabei dürfen wir nicht vergessen, daß wir als Menschen in eine vierdimensionale, materielle Raum-Zeit-Welt gehören, daß deshalb die Bewährungsproben auf allen Ebenen — Körper/Seele/Geist — unaufhörlich gestellt sind und das richtige Verhalten kontinuierlich getestet und in unserem ICH-Bewußtsein registriert wird.

Bei der Analyse über das richtige TUN erkenne ich eine logische Methodik, gewisse Stufen zu durchlaufen, bis wir fähig sind, kosmisch richtig zu denken und uns richtig zu verhalten. Diese Stufen sind mit Erkenntnissen verbunden, die uns die geistige Entwicklung ermöglichen. Diese Erkenntnisse können wir in der Meditation, im tiefen „In-sich-gehen", erarbeiten.

Für mich habe ich sieben solcher Erkenntnisstufen definiert, die ich als Arbeitsplan gebrauche.

Diese sieben Stufen sind:

1. Erkenntnis der Existenz Gottes.
2. Erkenntnis des allgemeinen kosmischen Gesetzes der Liebe.
3. Erkenntnis der Entwicklung als Ziel des Lebens.
4. Erkenntnis des eigenen Ich: Selbsterkenntnis.
5. Erkenntnis der Aufgaben und der zu bestehenden Prüfungen im jetzigen Leben.
6. Erkenntnis des Sinnes von Krankheiten, Leiden und Schwierigkeiten.
7. Erkenntnis der Chancen, uns im Alltag zu bewähren, erkennen der Möglichkeiten, etwas Gutes zu tun.

Die Erkenntnisse als Basis

Um diese Stufen zu erklimmen, können wir schrittweise vorgehen. Es braucht nicht Tage, sondern Jahre und Jahrzehnte, bis der Nebel, in dem wir uns alle befinden, langsam durchsichtiger wird und das Licht durchdringt. Dieses Licht aber kommt von „oben", von der einzigen Quelle alles Positiven, von GOTT.

Erkenntnis der Existenz Gottes

Das wichtigste ist deshalb, daß man an die Existenz der über uns stehenden allmächtigen Intelligenz glaubt und dann versucht, die Schöpfung zu verstehen. So kommt man zu der erschütternden Erkenntnis, wie winzig klein wir als Menschen eigentlich

sind. Wenn wir den für uns unfaßbaren Makrokosmos betrachten oder versuchen, den Mikrokosmos zu entziffern, fällt uns auf, daß alles nach einem großartigen Plan abläuft, dessen Gesetze uns verborgen sind. Aber es besteht eine Idee, ein Grundgedanke, den wir zwar nicht verstehen, ihn jedoch erahnen.
Der erste Satz des Johannes-Evangeliums „Am Anfang war das Wort", müßte eher aus der Lateinischen Vulgata: „In principium erat verbum" mit „Im Anfang war die Idee" übersetzt werden.
Der Mensch, der den Makro- und Mikrokosmos betrachten will, kann nur seinen Hut abnehmen und in Demut verharren.
Das „Wort", die Idee oder der Plan bedeutet in diesem Sinne, daß er nur von einer höhergestellten unfaßbaren Intelligenz erdacht, mit einer unfaßbaren, allmächtigen Energie in die Tat umgesetzt und in Bewegung gehalten werden kann. Wer ist ER? ER hat viele Namen, die aber alle eins bedeuten. Wir, in der christlichen Welt, nennen ihn GOTT.
Wenn wir über das Gottesprinzip meditieren und die Schöpfung des Menschen zu deuten versuchen, ist zu erkennen, daß wir ein Teil des Universums und damit ein Teil des Gottesprinzips sind — ein winziger Teil zwar, aber doch ein Teil, das im großartigen Ur-Prinzip seinen Platz und auch eine Bedeutung, eine Aufgabe hat.
Während des klinisch toten Zustandes war das Gotteserlebnis mein größtes und erhabenstes Gefühl. Ich fühlte mich vom Göttlichen getragen. „Näher mein Gott zu Dir", erwähnte ich spontan als charakteristisches Gefühl nach der Wiederbelebung. Ich spürte, daß mein ICH-Bewußtsein ein winziger Teil, aber doch ein Teil des unerklärlichen, allmächtigen All-Bewußtseins, anders ausgedrückt, Gottes-Bewußtseins, ist. Dieses wunderbare Erlebnis ist nicht mit Worten auszudrücken. Ich denke nur in stillen Stunden in Symbolen daran. Gott ist unfaßbar, unerforschbar, unbegreiflich, unerklärlich, unendlich und allmächtig. Im klinisch toten Zustand konnte ich die absolute Liebe als

Substanz Gottes nur demütig ahnen. Demut vor Gott ist nicht demütigend — im Gegenteil, es ist ein erhabenes Gefühl.
Wie wir nicht in die Sonne sehen können, weil uns zu viel Licht, Wärme und Energie entgegenströmt, so können wir Gott nicht erfahren, da uns von IHM zu viel Liebe zufließt.
Ich fühlte mich in unendliche Liebe, vollkommene Güte und absolut Positivem eingebettet und integriert; ein Gefühl der Geborgenheit in der Liebe Gottes.
Erkenntnis, Erfassung, Hingabe, Integrierung, demütige Auflösung in der göttlichen Liebe ist das erhabenste Gefühl. Wenn man sich für das Göttliche zu öffnen vermag, dann kann man GOTT in tiefer DEMUT ahnen.
Demut vor Gott braucht eine gewisse Reife. Diese Demut ist keine Schwäche, sondern strahlt im Gegenteil Stärke aus; sie stärkt unseren Mut für dieses Erdenleben. Demut ist der Kanal, durch den uns der Segen, die Gnade und die Liebe Gottes zuströmen.
In dieser Art und Weise erkenne ich Gott als „Allmächtigen Baumeister Aller Welten" an, frei von menschlichen Vorstellungen und frei von allen erfundenen und formulierten Dogmen.
Diese Erkenntnis — besser gesagt — dieser tiefe Glaube ist eine wunderbare, solide Basis, ein Fundament für alle menschlichen und philosophischen Überlegungen. Damit ist der GLAUBE das erste Attribut.

Erkenntnis des allgemeinen kosmischen Gesetzes der Liebe

Die ungeheuren Energien, die das ganze kosmische System in Bewegung halten, sind Gottes Ausstrahlung. So ist Gott die Quelle aller Energieformen, sei es die Gravitation, die Atomenergie, starke und schwache elektromagnetische Energien, die Materie, die verschiedenen Strahlungen, die Lebensenergie ebenso wie die Energien der Emotionen, Gefühle oder die geistigen Energien, die Kraft der Gedanken.

Diese Kraft ist positiv, aufbauend, fördernd — auch diejenige, die in uns ist und die wir als Gottesfunke bezeichnen können. Alle diese Kräfte sind Kräfte der Liebe. In diesem Sinne ist die ganze Welt von der allumfassenden Intelligenz erdacht und durch die Kraft der Liebe verwirklicht.
So ist die Liebe das göttliche Prinzip. Sie strömt uns unaufhörlich von Gott entgegen. Die größte Kraft des Universums habe ich spontan als Liebe bezeichnet. Liebe als kosmische Kraft? Ist das denkbar? Mit schulwissenschaftlichen Denkmethoden sicher nicht. Außerhalb der physischen Realität aber ist die Liebe — wenigstens für mich — eine kosmische Realität.

„Liebe deinen Nächsten wie dich selbst".

Das ist, auf unser Erdenleben bezogen, die größte Weisheit und gleichzeitig der wichtigste Wegweiser. In der Beurteilung des Lebensfilmes spürte ich deutlich, daß es diesem kosmischen Gesetz entspricht. Wir sollen alle Entscheidungen im Zeichen der Liebe fällen.
So ist die LIEBE das zweite Attribut.

Die Liebe S. v. J.

Erkenntnis der Entwicklung als Ziel des Lebens

Weshalb sind wir hier auf der Erde? Warum müssen wir leben? Warum sind wir ständig mit schwierigen Situationen und Proben konfrontiert?

Etwas ist in der dramatischen Abwicklung jedes einzelnen Lebens zu erkennen: die Möglichkeit und der Drang nach Entwicklung. Wir wissen es nicht und werden auch nie erfahren, warum wir alle eine Entwicklung durchmachen müssen. Mit dem Sündenfall, dem Abfall von Gott, haben wir nur einen Hinweis, eine Andeutung.

Doch eine Tatsache steht fest: wir müssen den Berg erklimmen, müssen uns verbessern, denn Entwicklung ist unser Weg. Durch diese Perspektive betrachtet wird alles, was mit uns und um uns geschieht, viel klarer.

Der Lebensfilm hat mir gezeigt, daß mein Ziel die Entwicklung ist — d. h. immer höher hinaufzusteigen. Man kann also alles, was geschieht, für diese Entwicklung brauchen. Es ist wunderbar zu wissen, daß wir immer wieder neue Chancen für unsere Weiterentwicklung erhalten. Auf diese Weise kommen wir dem Ziel unseres Lebens immer näher.

Wir müssen uns den Aufstieg Schritt für Schritt mühsam erarbeiten. Große Schritte sind unmöglich. Deshalb dürfen wir nicht ungeduldig werden, wenn uns nicht alles sofort gelingt. Auch ein Teilerfolg kann ein großer Erfolg sein. Wir müssen immer von neuem unseren guten Willen aktivieren, unsere Kräfte einsetzen und nicht aufgeben, sondern versuchen, weiterzukommen.

Wir müssen erkennen, daß die Entwicklung relativ ist. Jeder von uns beginnt bei der Geburt auf einer anderen Basis, entsprechend der bisherigen geistigen Entwicklung, die er aus früheren Leben als Erfahrungen mitgebracht hat. Damit hat auch jeder von uns andere Aufgaben in diesem Leben. Gemeinsam aber ist uns allen ein Ziel: die geistige Entwicklung.

Erkenntnis des eigenen ICH = Selbsterkenntnis

Das ICH-Bewußtsein sagt: „Mein Körper" — „meine Seele" — „mein Geist". Wir können nun fragen: Wer ist der Besitzer dieser drei Bestandteile? Die Antwort lautet: ICH. Aber wer bin ich?
Ich bin ICH. Alles was ich „habe" sind nur Manifestationen von mir in den verschiedenen Schwingungsebenen, in denen man sich bewähren sollte. Aber ICH stehe über all diesen Erscheinungsformen, Projektionen. ICH BIN nicht diese, sondern sie gehören zu mir.
ICH BIN DER ICH BIN: ICH BIN SELBST.
Nach dieser grundsätzlichen Feststellung können wir die Frage stellen: Wie bin ICH? ICH habe bereits einen Weg der Entwicklung zurückgelegt. ICH habe bereits viele Erfahrungen gesammelt, die alle in den Strukturen meines Unter- und Überbewußtseins verankert und gespeichert sind und die mir für meine Entscheidungen, für mein Verhalten in diesem Leben nützlich sein können. Das sind Voraussetzungen für mein jetziges Leben, die aus einem früheren stammen. Im jetzigen Tagesbewußtsein sind diese Eigenschaften — mit anderen Worten: die bisher bestandenen Prüfungen — nicht ohne weiteres präsent. Wir sollten sie ausgraben, um die aktuellen Entscheidungen besser treffen zu können.
Damit wird es uns möglich, uns selbst neutraler zu betrachten und über eine gegebene Situation ein objektives Urteil zu fällen. Unser ICH bekommt dadurch eine bessere Chance, sich richtig zu entscheiden.
Selbsterkenntnis ist ein schwieriges Unterfangen. Aber nur dadurch kann man seine Fehler erkennen und korrigieren. Wir sind über uns selbst oft voreingenommen, suchen Ausreden, und wollen unsere Fehler nicht einsehen, wollen vieles verschönern. Wir denken immer in der typisch materiellen Kausalität und haben für alle unsere Missetaten, Fehler, negativen Gedanken tausend Entschuldigungen und Begründungen. Eine meiner wichtigsten Erkenntnisse im Lebensfilm war, daß dort keine

Ausrede und keine Entschuldigung für einen begangenen Fehler Gültigkeit hat. Entblößt steht man vor sich selbst da:

                So bin ICH.

Es war für mich eine schockierende Darbietung meiner Schwächen. Deshalb ist es so wichtig, sich selbst zu erkennen, um durch eine neutralere Beurteilung der Situationen künftig Fehler vermeiden zu können.

„Gnothi savton" = „Erkenne dich selbst" ist über der Türe des Apollotempels in Delphi eingeritzt, wo Phytia ihr Orakel verkündete.

Es war nur denjenigen vergönnt, es richtig zu verstehen, die sich von den materiellen Kausalitäts-Gedanken gelöst und sich selbst erkannt hatten.

Nehmen wir in der Stille der Meditation einen Spiegel zur Hand und schauen 1—2—3 Minuten lang tief in die Augen des Spiegelbildes. Versuchen wir dann zu erfahren, was für ein Mensch uns aus dem Spiegel entgegenblickt. Versuchen wir ihn zu analysieren und zu charakterisieren. Welches sind seine Wünsche und Ziele? Welches sind seine Leiden, Sorgen, Leidenschaften, Veranlagungen, Schwächen und Stärken? Welches sind seine guten Eigenschaften, auf die er bauen kann? Man wird erstaunt sein zu erfahren: Ich bin so!

*Erkenntnis der Aufgaben und der zu bestehenden
Prüfungen im jetzigen Leben*

Wenn man weiß, daß das Ziel des Lebens die geistige Entwicklung ist und eine gewisse Stufe der Selbsterkenntnis erreicht hat, wird man fähig sein, die Aufgaben des jetzigen Lebens zu erkennen. Diese Aufgaben sind durch die unterschiedlichen Lebenssituationen dargestellt und bedeuten für uns Prüfungen, die wir bestehen sollen.

Wenn wir unsere Probleme aufzählen und analysieren, erschrecken wir vielleicht über das, was auf uns zukommt. In schwierigen Situationen werden wir wohl auch immer wieder verzweifelt klagen und fragen:

— Warum hat der eine keine Geldschwierigkeiten und ich muß mich ständig mit Geldproblemen auseinandersetzen?
— Warum hat der andere eine schöne Partnerschaft und ich bin allein?
— Warum hat der dritte einen gesunden Körper und ich habe dauernd Schmerzen oder bin stark behindert?
— Warum hat der vierte Erfolg in Gesellschaft, Sport, Geschäft . . . und mir gelingt nichts?

und . . . und . . . und . . . man könnte unendlich viele Beispiele aufzählen.

Die Antwort und Lösung für diese Fragen und Klagen ist immer dieselbe: *„Weil ICH diese Schwierigkeiten selber als Prüfungen gewählt habe. Ich habe die schwierige Slalom-Rennbahn selber ausgesteckt und die Hürden auf meiner Lebensbahn selber aufgestellt, weil ich hoffte, daß ich durch deren Überwindung mich geistig entwickeln und so dieses Leben gut nützen kann."*
Diese Zielsetzung gibt mir dann den Sinn meines Lebens.
Wir sollten die zu bestehenden Prüfungen, die zu lösenden Aufgaben, die zu überwindenden Schwierigkeiten und Hürden als Mittel zur Entwicklung erkennen. Wenn wir soweit sind, werden wir auch die Motivation der eigenen Probleme finden. Dann wird alles transparent, erkennbar, sinnvoll.

Erkenntnis des Sinnes von Krankheiten,
Leiden und Schwierigkeiten

Wir müssen uns immer wieder vor Augen halten, daß die Prüfungen, die als Schwierigkeiten, Katastrophen, Schmerz, Leid, Depressionen usw. auf uns zukommen, keine Zufälle sind, nicht Erzeugnisse der Willkür des Schicksals, sondern daß wir sie vor unserer Geburt bereits gewählt haben. Im nicht-materiell-gebundenen Zustand zwischen zwei Inkarnationen, war uns bewußt, was wir bisher erreicht und welche Aufgaben wir noch zu bewältigen haben. Dort haben wir unseren Schicksalsweg abgesteckt — wie die Tore bei einem Ski-Slalom. Deshalb dürfen wir nicht Gott, das Schicksal oder Mitmenschen für die Schwierigkeiten und Proben verantwortlich machen, sondern müssen mit uns selbst „schimpfen" und die vor uns stehenden Prüfungen als Stufen der Weiterentwicklung annehmen. So kann man den Sinn der Lebensprüfungen, wie immer diese auch sind, erkennen.

Der Sinn ist, daß wir uns durch die Meisterung aller Schwierigkeiten, Schmerzen und Leiden des eigenen Lebens weiterentwickeln können. Deshalb werden wir nach Erkennen dieses Sinnes nicht mehr dem Druck des Schicksals erliegen, weil jeder Schicksalsschlag einen Sinn hat.

Jede Medaille hat zwei Seiten. Jede Vorderseite hat eine Rückseite. Wo Schatten ist, gibt es auch Licht. So steckt in jeder schlimmen Situation eine Chance zur Überwindung des Negativen und damit zur Weiterentwicklung. So ist es möglich, „den Spieß umzudrehen" und das Negative ins Positive zu verwandeln.

Eine alte Weisheit sagt, daß in jeder Situation eine positive Chance verborgen ist. Wenn wir diese erkennen, erfahren wir gleichzeitig den Sinn der Schwierigkeit. Es gibt keinen „Zufall". Alles ist sinnvoll, alles kann positiv, gut und aufbauend sein. Nur wenn man diese Chance nicht erkennt, erscheint alles sinnlos.

Für mich ist auch mein Unfall sinnvoll, nicht „zufällig". Er hat mir die philosophische Entwicklung ermöglicht. Ich mußte für diese Kehrtwendung sehr schwer bezahlen, katastrophale Einbußen in meinem irdischen Leben in Kauf nehmen.

Aber jeder Schicksalsschlag birgt die Möglichkeit in sich, etwas Gutes daraus zu machen. Aber wie? Dadurch, daß man den Sinn dieser Schwierigkeit erkennt, denn dann kann man sie als Bestandteil des eigenen Schicksals akzeptieren. Nicht hochspielen als tragisches Ereignis, sondern relativieren und tragen. Damit ist die Spitze gebrochen und die Überwindung in Gang

gesetzt. Wenn man die gute Chance auch noch erblickt, wird diese positiv genützt und vergeistigt.
Wer in der Schule nie gefragt wird, z. B. in Mathematik, wer nie seine Hausaufgaben vorzeigen muß, wird auch nicht herausgefordert, etwas Positives zu tun, etwas zu lernen und in der Reifeprüfung bestimmt durchfallen. Ich betrachte alles, was uns im Leben zukommt, als Teil eines Lernprozesses. Wir sammeln ständig neue kosmische Erfahrungen, die wir zur Weiterentwicklung benötigen.

Erkenntnis, immer die Möglichkeit zu haben, Gutes zu tun

Unser Leben ist vielfältig, bunt, abwechslungsreich, faszinierend. Ununterbrochen sind wir mit neuen Situationen konfrontiert und in jeder Situation liegt die Möglichkeit verborgen, etwas Positives zu tun, sich etwas Gutes, Liebevolles auszudenken und dies zu verwirklichen. All dies sind Perlen, und wir können an einem Tag eine ganze Perlenkette zusammentragen. Der Pfadfindergedanke, jeden Tag bewußt eine gute Tat zu vollbringen hat daraus seinen Ursprung.
Aber wie sieht es in Wirklichkeit aus? Wir vergessen meistens diese gute Tat, wir sind zu faul, daran zu denken, nehmen die Chancen nicht wahr und verpassen die Gelegenheiten. Wenn wir aber daran denken, die Gelegenheit bewußt zu suchen, bekommen wir immer mehr Übung, die Chance zu erkennen und so mehr als eine gute Tat pro Tag zu vollbringen. Wenn wir bedenken, wie viele Möglichkeiten es gibt, etwas Gutes zu tun, haben wir ein reiches Angebot, das es zu nutzen gilt. Eine gute Tat ist gerade so gut, wie liebevoll sie ausgedacht wird. Es ist nicht so wichtig, ob sie großartig ausfällt. Die Absicht, die Grundidee, ist wichtig. Diese soll der selbstlosen Liebe entspringen. Jede Tat, die sich in dieser Weltrealität abspielt, ist kausale Konsequenz einer Idee, eines Gedankens.
Wenn wir uns bewußt möglichst nur mit sauberen Gedanken beschäftigen, sind die Tore geöffnet, um die positiven Chancen

wahrzunehmen und sogar viele „gute Taten" täglich zu vollbringen. Dadurch werden wir unsere Tage vergolden, uns mit Liebe erfüllen.

Von der Wichtigkeit des Guten

An dieser Stelle möchte ich in Erinnerung rufen, was mir beim Erleben des Lebensfilmes anfangs unverständlich war, ich später aber als großartigste Manifestation des absolut GUTEN erkannte:
Die schlechten Taten, die nicht bestandenen Prüfungen wurden nach deren Erkenntnis und tiefen Reue bei mir „ausgeblendet", d. h. sie zählten nicht mehr — und so blieben an mir nur die guten Gedanken und Taten, die bestandenen Prüfungen haften, die ich als einen Blumenstrauß gleichzeitig wiedererleben durfte.
Hier manifestierte sich das absolut GUTE. Gott hat kein Negativum, keine Rache. Gott will uns nicht bestrafen für die Fehler, die sogenannten „Sünden" — ich habe dieses Wort nicht gern! —, für die nicht bestandenen Prüfungen und nicht übersprungenen Hürden, sondern gibt uns weitere Chancen für einen neuen Anlauf.
Deshalb betrachte ich die Erde nicht als Hölle, als Strafkolonie für gefallene Seelen, sondern eher als einen Kurort, ein Trainingslager, eine Erziehungsanstalt, einen Ort, wo fegefeuerähnliche Zustände für den Einzelnen möglich sind.
Falls wir die Prüfungen des jetzigen Lebens nicht bestehen, ist es selbstverständlich, daß wir diese wiederholen müssen. Dies kann nur unter den gleichen Umständen, d. h. in der gleichen Zeit-Raum-Dimension der materiellen Welt, hier auf dieser Erde geschehen. Wir werden reinkarniert, um etwas besser zu machen als zuvor. Hier manifestiert sich die unendliche Güte Gottes. Er denkt und handelt nur im positiven Sinn. Strafe, Rache, Vergeltung sind negativ. Hingegen ist positiv, neue Chancen zu geben. Gott ist als UR-PRINZIP absolut gut. Es gibt

keinen „Anti-Gott". Dualismus herrscht nur in der vierdimensionalen Realität — wie Teilchen/Antiteilchen; Materie/Antimaterie; Mann/Frau usw.
Schöpfung ist: durch die Spaltung der UR-EINHEIT neue Energieformen zu erzeugen, die das ganze System bilden und in Bewegung halten. Die Schöpfung erfolgt in R4 (siehe Abb. Seite 111). Über R4 sind andere Grundgedanken am Werk, dort ist alles zeitlos, einheitlich. Ich sagte bereits: für mich gibt es nichts Böses; alles ist nur Mangel an Gutem. Ebenso ist Finsternis Mangel an Licht. Auf dieser Aussage — die ich dort „oben" gespürt habe — könnte man eine neue Weltanschauung,

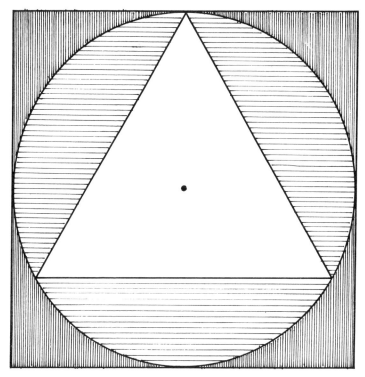

Symbol „Mensch" S. v. J.

neue philosophische Überlegungen aufbauen und alle Religionen, Moralbegriffe, Vorstellungen über den Menschen überdenken und neu bewerten. Somit wird man gläubiger, jedoch gelöster von den Dogmen der verschiedenen Religionen und den dogmatisch wirkenden Behauptungen der verschiedenen philosophischen und esoterischen Versammlungen, Logen, Gruppen, obwohl — meiner Meinung nach — dies alles ehrliche, menschliche Versuche sind, die Wahrheit, das Prinzip, das Ziel des Menschen zu formulieren.

Das absolut Gute strahlt auf uns unaufhörlich Liebe aus. Durch diese Kraft, die wir in uns aktivieren können, sind wir auch fähig, der Menschwerdung näher zu kommen. So erkennen wir den Sinn des Lebens in der vor uns stehenden Entwicklung. Sie ist mit harten Proben verbunden, die uns jedoch die Möglichkeit gibt, neue Erfahrungen zu sammeln. Auch die Schwierigkeiten helfen uns, kosmisch weiterzukommen. So können wir den Sinn von allem, was mit uns geschieht erkennen und dadurch unser Leben sinnvoll gestalten.

Es gibt nichts, was keinen Sinn hat!

VI. Gedanken über ein positives Leben

Eines meiner wichtigsten Erkenntnisse im klinisch toten Zustand war, daß mein ICH-Bewußtsein über meinem Geist, meiner Seele und meinem lebenden Körper steht. Dieses unsterbliche, kontinuierlich existierende ICH-Bewußtsein ist mit spezifischen, nur dem Menschen eigenen Fähigkeiten begnadet und entscheidet mit voller Verantwortung in jeder Lebenssituation.

Unaufhörlich steigen objektive Informationen unseres Körpers zu unserem seelisch/geistigen Bereich, so daß das ICH ständig über den Zustand des Körpers informiert ist.

Der emotionelle Leib, oder besser gesagt die Seele, beurteilt die Informationen des Körpers und färbt sie mit Gefühlsinhalten. Die Einflüsse sind z. B. angenehm, unangenehm, sie sind neutral oder erwecken Emotionen, wie Ablehnung, Anstoß, Zufriedenheit. Die Seele schickt ihre subjektiv gefärbten Meinungen der Ereignisse dem Geist. Hier ist das Denkvermögen, das die objektiven Informationen des Körpers und die dazu gelieferten subjektiven Informationen der Seele wahrnimmt, alles kontrolliert, analysiert, dann ordnet, mit ähnlichen Modellen vergleicht, auswertet, systematisch zusammenfaßt und die aus der Situation entstehenden möglichen Folgen geordnet dem ICH zur Entscheidung serviert.

Das ICH überlegt dann, erwägt alle Möglichkeiten und trifft eine Entscheidung, die logisch oder unlogisch, positiv oder negativ, aufbauend oder zerstörend sein kann und welche kosmisch gut oder schlecht beurteilt werden kann.

Das ICH erfaßt also eine Idee oder einen Gedanken und stellt einen Plan auf. Es gibt dem Geist, der Seele und dem Körper entsprechende Befehle, um diesen Plan zu verwirklichen.

Wir können dieses Vorgehen mit einem einfachen Beispiel erklären: Ich gerate mit dem Zeigefinger der rechten Hand an eine heiße Kochplatte. Die Haut spürt große Hitze, die die Zellen zerstören kann (Verbrennung). Die Seele bekommt die Meldung: Unangenehme, schmerzhafte Hitze ... und meldet dem Geist: das ist nicht gut für mich. Der Geist meldet dann dem ICH: Mein Zeigefinger ist auf der heißen Kochplatte, das ist sehr unangenehm und schmerzhaft. Er überlegt, analysiert die Situation und empfiehlt dann dem ICH, den Finger sofort von der heißen Kochplatte wegzunehmen, weil sonst die Haut verbrennt. Die andere Möglichkeit wäre, den Finger auf der Platte zu lassen und die Schmerzen und die Verbrennung in Kauf zu nehmen. Das ICH beschließt also verantwortungsbewußt, den Finger sofort wegzunehmen. Der Befehl von „oben" wird sofort ausgeführt.

Ein anderes Beispiel: Alles, was mit uns geschieht, wird im Unterbewußtsein gespeichert. Wir — d. h. unser ICH — kann sich dann entschließen, gewisse Erinnerungen oder gelernte Prozesse heraufzuholen und dem Tagesbewußtsein „bewußt" zu machen. Diese wirken nun in unserem Bewußtsein: Wir wissen etwas, wir erinnern uns an etwas. Da das ICH dem Unbewußten Befehle zu geben vermag, kann man dieses mit allen dort gespeicherten Grundinformationen positiv oder negativ beeinflussen, färben oder motivieren. Diese bereits manipulierten Informationen werden wieder in unser Tagesbewußtsein projiziert und unser Verhalten bestimmen. Man setzt sozusagen eine rosarote, hellblaue oder schwarze Brille auf und sieht die Welt dementsprechend. Die verschiedenen Techniken der Bewußtseinserweiterung wie Alpha- oder Omega-Training®, die Coué-Methode, Yoga, Meditationspraktiken usw. nützen diese Möglichkeit, um unser Verhalten in dieser Welt besser, angenehmer und positiver zu gestalten. Das Ziel ist, das ICH — unseren Körper-Seele-Geist, mit anderen Worten unser Über- und Unterbewußtsein, für das Gute, die Liebe und das Göttliche zu öffnen, es empfänglich zu machen.

Damit ist die große Macht des ICH's bewiesen. Aber wo diese ist, liegt auch das Entscheidungspotential und dieses ist mit Verantwortung untrennbar verbunden.

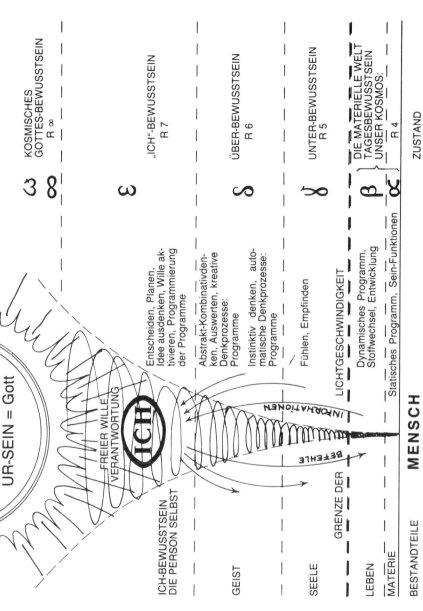

Symbolische Vision: Der Mensch als „Energie-Trichter".

Im folgenden werden wir nun einige Aspekte des täglichen Lebens betrachten, die wir mit den ICH-Entscheidungen bewußt ändern, stimulieren und motivieren können.

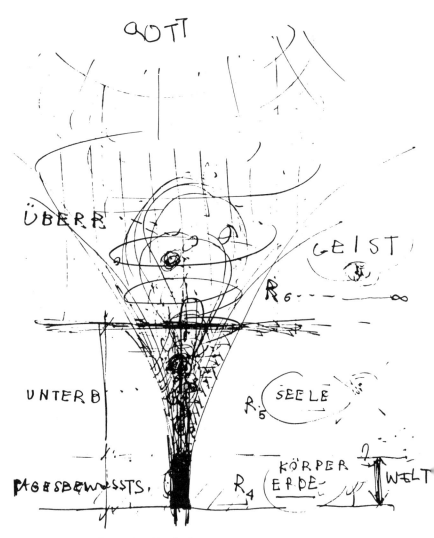

Erster Entwurf im Krankenhaus.

Harmonisches Gleichgewicht zwischen Körper/Seele/Geist

Die drei Grundprinzipien, die den Menschen als solchen bilden, haben verschiedene Wirkungsfelder und Schwingungszustände und manifestieren sich in anderen Dimensionen.

Als Denkmodell diene uns das folgende:

$\alpha + \beta$ = der lebendige Körper existiert in R4 = vierdimensionale, materielle Welt

γ = die Seele ist R5, der fünfdimensionalen Welt der Emotionen zugeordnet.

δ = der Geist ist in R6 = der sechsdimensionalen Welt der Intelligenz, des Denkens aktiv.

Dieses sind die drei Bestandteile des Menschen. Das ICH-Bewußtsein (ε), welches Göttlichen Ursprungs ist, trifft die Entscheidungen und trägt die Verantwortung dafür. Es steht über diesem Gebilde.

Alle drei Bestandteile des Menschen unterliegen verschiedenen Gesetzen, die miteinander nicht viel Gemeinsames haben. Doch diese Dimensionen berühren sich und gehen sogar ineinander über. So können wir sagen, daß wir im Grenzbereich von drei verschiedenen Dimensionen leben und uns dabei noch richtig verhalten sollen. Das ist ein schwieriges, fast unlösbares Unterfangen. Vereinfachen wir deshalb das Problem und beschränken uns auf die Analyse von materiellen und nichtmateriellen Aspekten, z. B. $\alpha + \beta$ und $\gamma + \delta$.

Die Kunst, zwischen den Erfordernissen des Körpers bzw. des materiellen Lebens und der Seele bzw. des Geistes, des nichtmateriellen Lebens zu unterscheiden, ist wirklich sehr schwierig.

Hier sehen wir ein Segelschiff in voller Fahrt über das Meer gleiten. Nur gute Segler wissen, wie kompliziert es ist, das

Starboot Nr. 2079 „Garaboncias" in einer Meisterschafts-Regatta, mit S. v. Jankovich am Steuer.

Segelschiff, das sich im Grenzbereich zweier Elemente (Luft/Wasser) befindet, im Gleichgewicht zu halten und gleichzeitig gute Fortschritte gegen den Wind — wir sagen „Luv" — zu erzielen und obendrein noch volle Fahrt zu erreichen.

Einige Meter über der Wasseroberfläche herrschen die aerodynamischen Gesetze des Luftraumes, einige Meter unter der Wasseroberfläche — in einem ganz anderen Element — haben die hydrodynamischen Gesetze ihre Gültigkeit. Unser Segelschiff holt Windenergie aus der Luft und schwimmt im Wasser; es segelt im Grenzbereich zweier Elemente, in denen die physikalischen Verhältnisse nicht klar definierbar, sondern gestört sind.

Wir kennen die Gesetze der Aerodynamik — gemäß denen die Vögel fliegen — ganz genau, da wir bereits Unter- und Überschall-Flugzeuge konstruiert haben. Wir kennen die physikalischen Gesetze des Wassers — gemäß denen die Fische schwimmen — da wir Unterseeboote konstruiert haben. Aber die Wirkungen der Luft und des Wassers im Grenzbereich — z. B. auf einem Segelschiff — kennen wir nicht so gut. Deshalb besteht die „Kunst" eines Regattaseglers darin, alles zu „spüren", die Handhabung und Steuerung des Schiffes mehr nach dem Gefühl als nach dem Wissen über die physikalischen Gesetze vorzunehmen. Sein Bestreben ist:

— so schnell wie möglich vorwärts zu kommen;

— Balance, Gleichgewicht zu halten;

— so viel Windenergie wie möglich für sich selber herauszuholen und nutzbar zu machen;

— den Widerstand des Wassers und der Wellen so niedrig wie möglich zu halten.

STRATOSPHÄRE —

——————————————————————— 10 000 m ———

R 6

TROPOSPHÄRE

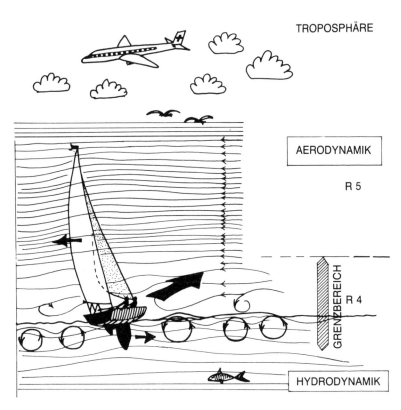

AERODYNAMIK

R 5

GRENZBEREICH R 4

HYDRODYNAMIK

Das Verhaltensproblem im Treffpunkt zweier verschiedener Prinzipien ist schwierig und hat dem Menschen immer Kopfzerbrechen bereitet. Das meint Jesus, wenn er sagt:

„Gib dem Kaiser, was des Kaisers ist
und Gott, was Gottes ist!"

Dies ist eine biblische Definition des harmonischen Gleichgewichts. Keiner der drei Bestandteile des menschlichen Wesens soll zu Lasten oder zugunsten eines anderen zu kurz kommen. Alles nur zu vergeistigen und die Bedürfnisse des Körpers durch unnatürliche Askese zu unterdrücken ist ebenso falsch, wie nur für den Körper — ohne geistigen Inhalt — zu leben. Dieses Gleichgewicht zu bestimmen, ist die wahre Lebenskunst. Das Problem besteht darin, daß keine allgemein gültigen Regeln vorhanden sind, die uns eine Schablone, ein Schema anbieten könnten, die besagen, was gut und richtig ist, da das Gleichgewicht sehr individuell ist — wie alle unsere Aufgaben auf dieser Erde — und wir es immer wieder neu zu bestimmen haben. Dies ist eine ständige Herausforderung an uns, unser Verhalten immer wieder neu zu überdenken und immer wieder neu zu bestimmen. Wir müssen uns bewußt werden, daß wir hier kontinuierlich Prüfungen zu bestehen haben.
Da dieses Gleichgewicht nicht nach erfaßbaren Regeln zu bestimmen ist, kann man auch keine Regeln aufstellen, Methoden erarbeiten und sich auf Hilfen von außen stützen, sondern wir müssen immer wieder neue, ganz persönliche Entscheidungen treffen, um dieses Gleichgewicht unter den drei Prinzipien zu halten.

Gesunder Körper

Die Gesundheit des Körpers ist unsere Pflicht. Wir sollen den Körper pflegen und uns vor Krankheiten schützen. Da der Mensch eine psychosomatische Einheit ist, sollen wir von oben her, vom Geist und von der Seele, den Körper und alle Funktionen des Körpers mit harmonischen Grundschwingungen stimulieren. Abgesehen von „mechanischen Unfällen" gibt es im Grunde keine Krankheiten, sondern nur gestörte Schwingungen des gesamten Menschen oder eines seiner Organe. Man sagt ganz richtig: „Ich bin krank", wenn man Kopfschmerzen, Gallensteine, Magenbrennen usw. hat, dabei ist der harmonische Lebensenergie-Zufluß zum Kopf, zur Leber, zum Magen usw. infolge einer gestörten geistigen und seelischen Verfassung irritiert. Man hat Magenschmerzen, Magenbrennen oder sogar ein Magengeschwür, weil einem ein Problem „auf dem Magen liegt". Für eine richtige Heilung sind nicht Kopfschmerztabletten zu schlucken, Gallensteine zu operieren oder Alkaselzer zu trinken, sondern das Grundproblem ist zu lösen — dann verschwinden auch die Symptome.

Die Ursachen aller Krankheiten sind psychischer Natur. Die harmonische Gesamtschwingung des Menschen ist irgendwo gestört, disharmonische Störungen entstehen. Die Psyche weist gestörte Funktionen auf, da es sich aber im Unterbewußtsein abspielt, wissen wir es nicht. Die Organe erhalten von der Psyche falsche Informationen, falsche „bits", falsche Eingaben. Sie reagieren dementsprechend falsch, machen Fehler und erkranken.

Die heutige Medizin behandelt nicht den Menschen als Ganzes, sondern geht analytisch vor und versucht, die Krankheitssymptome zu beheben. Dies ist eine somatische Hilfe, aber keine Ganzheits-Heilung.

Die Schulmedizin leistet sehr viel, sollte aber — meiner Meinung nach — mit anderen Heilmethoden ergänzt und unterstützt werden, um die Ursache der Krankheiten heilen zu können. Mehrere östliche Heilmethoden sind heute bereits in unserer Gesamtheilkunde integriert und etliche aufgeschlossene Schulmediziner versuchen, die analytische westliche mit der energetischen östlichen Heilkunst zu verbinden. Hier sehen wir einen Weg zur Ganzheitsmedizin und -heilung.

Früher waren die Ärzte Magier, Medizinmänner, Schamanen

und Priester. Priester heißt lateinisch Pontifex — der Brückenbauer, der die harmonische Verbindung zwischen Körper und Geist wieder herstellen und damit den Mensch von Leiden befreien konnte.
Da die Lebensenergie sehr wahrscheinlich von unserem Astralkörper, durch Vermittlung der Chakras, zu unserem Körper strömt, kann auch in diesem Energiekörper oft Heilung erfolgen. Damit kann man viele sogenannte „Wunder" verstehen und für geistige Operationen eine mögliche Erklärung finden.
Die Geistheilung, die auch aus großer Distanz wirkt, ist durch die harmonische Schwingung des Energiekörpers zu erklären.

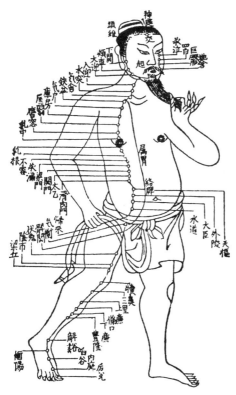

ENERGIE-STRÖMUNGEN : „MERIDIANE".

Polarität

Wir sollen das Gesetz der Polarität erkennen. Durch die Schöpfung ist aus dem ursprünglichen Prinzip EINS die Polarität entstanden:

— Tag und Nacht
— Positives und Negatives
— Auf und Ab
— Yin und Yang
— Mann und Frau
— Materie und Antimaterie usw.

Die Schöpfung ist gleich Spaltung der UR-EINHEIT, des UR-PRINZIPS und damit auch Entstehung eines Spannungsfeldes.

Überall wohin wir blicken, erkennen wir die Polarität als Grundprinzip und Motor allen Geschehens. Die Schwingung, der Doppelhelix des biologischen Aufbaus des DNS im genetischen Code — Geburt und Tod — bezeugen uns, daß alles, was in dieser Welt existiert, einen Pol und einen Gegenpol hat.

Hinter dieser Polarität, diesem doppelten Aspekt, steht die Einheit, welche aber nicht „von dieser Welt ist". Erst durch die Verbindung der Pole entsteht die Einheit. Wir sollten erkennen, daß sich die beiden, Pol und Gegenpol, wie Magnete anziehen — aber durch göttlichen Willen doch auseinandergehalten werden. Wir sollten die Polarität erkennen und mit ihr leben. Wir können nicht immer am hellen Tag leben; die Nacht gehört zum Tag. Jede Türe hat einen Eingang und einen Ausgang. Jede Aktion ruft eine Reaktion hervor. Auch wir Menschen können nicht immer „gut" oder „richtig" sein. Wir alle haben Krisen, schwierige Zeiten. Wo Licht ist, gibt's auch den Schatten. Deshalb sind diese negativen Phasen nicht alarmierend und es ist ganz natürlich, daß wir Fehler machen. Aber Fehler sind korrigierbar. Wir sagen auch bewußt nicht „Sünden". Sünden verlangen nach Strafe und sind eine ständige Belastung, ja Verdammnis.

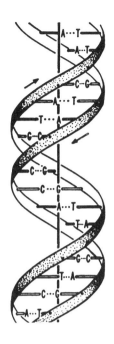

(nach M. Schönberger)

Die Doppel-Helix der DNS.
Es gibt 4 Basen: Thymin (T), Adenin (A), Cytosin (C), Guanin (G). Immer drei „Buchstaben" bilden ein Codewort. Es sind 64 Codeworte im genetischen Code.

Die 64 I-GING Symbole = Zeichen

Original I-GING Ideogramm aus China.

Es sind 4 „Buchstaben" in I-GING, von denen immer drei ein Symbol bilden. So sind total 64 Zeichen der „Wandlungen".

Fotoreproduktion einer Doppel-Helix der genetischen Code.

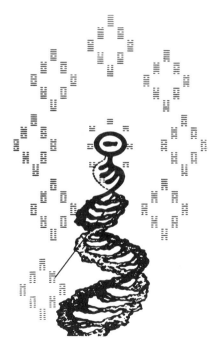

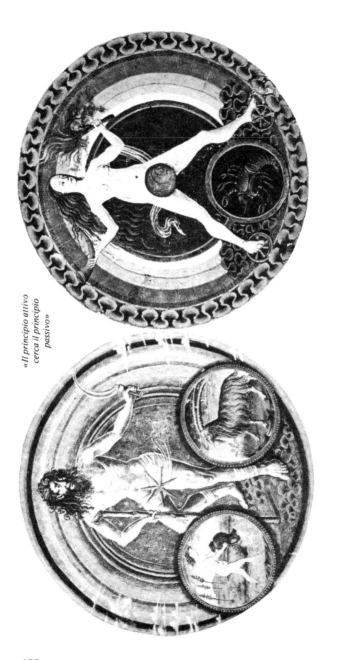

«Il principio attivo cerca il principio passivo»

Dualismus: „Das aktive Prinzip sucht das passive Prinzip".

Aktiv, positiv, energiespendend, dynamisch, denkend, planend gegenüber passiv, negativ, empfangend, ruhig, besinnlich, fühlend, charakterisieren die zwei Teile des EIN-en, welches sich in eine Dualität aufteilt.
Es ist wichtig zu wissen, daß in dieser Welt nichts ganz positiv und auch nichts ganz negativ ist. Beide Attribute haben auch einen Teil des anderen; ein Mann hat weibliches und eine Frau hat immer etwas männliches in sich.

Das Schwingungsprinzip

Schwingung, sei es Energieschwingung der Materie oder Vibration des Geistes, erfolgt zwischen den Polen. Alles geschieht rhythmisch. Unser Leben ist genau so rhythmisch wie unsere Atmung, unser Herzschlag, unsere Schlaf-/Wachperiode, die biorhythmischen Perioden, die sieben Jahresperioden, das seelische Auf und Ab, die geistigen Hoch- und Tiefphasen.
Es ist eine Lebensweisheit, daß, wenn man sich „unten" im Tief befindet, man hochkommen wird, und wenn man „oben" ist, diese Situation nicht ewig dauert. Wenn man die Gesetze dieses ewigen „up and down" erkennt, kann ein Tief nicht so trostlos, tragisch, hoffnungslos sein, und der Erfolg wird einem auch nicht in den Kopf steigen.
Rudyard Kipling sagt so schön in seinem Gedicht „IF":

> If you can meet with Triumph and Disaster and
> treet these two impostors just the same . . .

Mäßigung, Vernunft sind die Gebote: Die „schlechten" Phasen nicht dramatisieren und in den „guten" Phasen nicht übermütig sein!
Wenn man das Schwingungsprinzip erkennt, wird man von vielen Schwierigkeiten verschont bleiben.
Dieser ständige Wechsel lehrt uns, daß es vier Phasen gibt, die wir mit Weisheit und Vernunft überwinden sollen:

1. Dem Oben, dem Maximum, der Erfüllung, denen wir mit Bescheidenheit begegnen sollen, folgt
2. der Abstieg, die Verminderung, der Abbau, denen wir mit Weisheit gegenüberstehen sollen.
3. Am Minimum, am Tiefpunkt angelangt, kann man die Hoffnung aktivieren um dann
4. die Phase des Aufbaus, des Aufstiegs mit positiver Aktivität auszufüllen.

Von den drei Attributen GLAUBE — LIEBE — HOFFNUNG ist die Hoffnung manchmal die wichtigste. Wenn wir nicht mehr glauben können, wenn die Liebe erloschen ist, dann ist noch ein kleines Flämmchen Hoffnung in uns, daß die Zukunft besser sein wird, daß wir die jetzigen Schwierigkeiten bewältigen können, daß die Liebe wieder strömen wird, und daß wir wieder an Gott glauben können. Diese Hoffnung ist es, die uns hilft, aus eigener Kraft die Verzweiflung zu meistern.

Daher sollen wir mit der Polarität leben, in uns die Hoffnung aktivieren, wenn es uns schlecht geht und die positiven Phasen mit vielen guten Gedanken und Taten — nicht egoistischer Natur — ausfüllen.

Schwingende Welt. S. v. J.

Positives Denken

Das positive Denken ist eine präventivmedizinische Maßnahme. Wer mit tiefer innerer Harmonie, Optimismus und Liebe lebt, bleibt eher vor seelischen und physischen Krankheiten verschont, hat mehr Abwehrpotential. Das positive Denken hilft bei der Wiederherstellung harmonischer Schwingungen, beim Aushalten und Austragen der Störungen, beim Lösen der „Knöpfe", die in der Seele, im Unterbewußtsein oder in der Geistesstruktur, im Überbewußtsein, verankert sind.
Durch die Herstellung von harmonischen Schwingungen wird das Aufbauprogramm, das in jeder Zelle des menschlichen Körpers wie ein Lochkartenprogramm im genetischen Code vorhanden ist, voll zur Geltung kommen, und der Mensch kann wieder störungsfrei werden. So können wir die beschädigten, abgenützten Lochkarten wieder flicken. Das positive Denken und Streben nach innerer Harmonie ist der beste Arzt und der beste Psychiater.
Durch das positive Denken beeinflussen, lenken und programmieren wir uns positiv, d. h. wir bekommen eine feste Grundhaltung. Wir werden körperlich, seelisch und geistig besser „belastbar", wir können JA zu uns sagen. Wir werden mehr ertragen und alles besser überwinden können.

Harmonie

Innere Harmonie und eine optimistische und positive Einstellung in jeder Lebenslage helfen dem Menschen, sich zu behaupten, zu entwickeln, zu entfalten.
Dadurch können wir aus den in uns schlummernden und immer anwesenden Göttlichen Kräften des Überbewußten schöpfen, diese in Geist und Seele aktivieren um damit unsere positive Ausstrahlung zu stärken. Hingegen führen Disharmonie, Spannung, drückende Probleme und ein gestörtes Gleichgewicht zwischen Körper/Seele/Geist zu Störungen der Gesundheit, zu

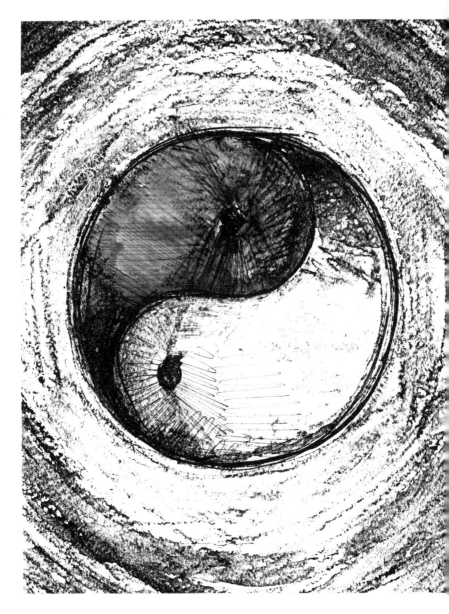

Yin — Yang, Aquarell. S. v. J.

physischer Verkrampfung und Krankheiten und auch zu Geistesspaltung und verlorener Geisteshaltung. Durch solche Störungen kann der Mensch als solcher zugrunde gehen.
Das harmonische Gleichgewicht vermeidet Einseitigkeiten, Verallgemeinerungen und Extreme. In diesem Sinne bedeutet Harmonie Mittelweg. Die drei Aspekte des Menschen, Körper/Seele/Geist, sollen mit Zufriedenheit erfüllt sein. Es bedarf stetiger Arbeit, Überlegung und Entscheidungen, dies so gut wie möglich immer wieder neu zu erfüllen. Die Lebenskunst ist die „Moderatio", den Ausgleich bewußt und klug durchzusetzen. Wir dürfen nicht vergessen, daß wir ständig beobachtet und alle unsere Taten und Gedanken registriert werden. Nur die Entscheidungen, die ein harmonisches Gleichgewicht erzielen, werden positiv beurteilt.
Wie ich heute — nach langjährigem Üben — erkenne, „spürt" man mit bewußt sensibilisierter Seele die Harmonie, das Positive, die gute Schwingung oder die Spannung, das Negative, die Dissonanz der Schwingungen.

Lebensfreude

Freuen wir uns über alle Kleinigkeiten im Alltag. Fast überall findet man etwas, was schön, gut und positiv ist. Unzufriedenheit und Pessimismus dagegen sind Gifte für uns. Damit programmieren wir uns selbst negativ. Viele kleine positive Dinge können uns helfen, den ganzen Tag schön zu gestalten. Man muß die Schönheit, das Gute nur bewußt suchen und erkennen. Wir dürfen die positiven Kräfte, die in kleinen guten Dingen stecken, nicht unterschätzen. Der Poet sagt dazu im Gedicht „Little things":

> „Little signes of kindness
> little deeds of love
> make of Earth an Eden
> as the Heaven above."

Die schönen, mit Zufriedenheit geprägten und mit positiven Gedanken und Taten ausgefüllten Minuten reihen sich zu Stunden und aus Stunden werden schöne Tage. Es folgen Wochen, Monate und Jahre, die wir positiv gestalten können. Wenn uns das gelingt, werden wir ZUFRIEDEN! Lebensfreude spendet eine positive Ausstrahlung, die auch zu uns zurückkehrt. Durch unsere innere Freude hüllen wir uns in harmonische, positive Schwingung ein und strahlen diese wieder aus.

Glück

Das Wort „Glück" ist für mich sehr irdisch geprägt. Vorher habe ich behauptet, beim Bestehen eines Diplomes, bei den Siegen an internationalen oder nationalen Segel-Meisterschaften, beim Abschluß eines guten Geschäfts, bei einem intensiven sexuellen Erlebnis oder während schöner Stunden mit meinen kleinen Töchtern glücklich zu sein.
Aber seit ich den klinisch toten Zustand erlebt habe, weiß ich, daß dies alles nicht das ungestörte, vorbehaltlose Glücksgefühl vermitteln kann. Ich war noch nie so glücklich wie im körperlosen Zustand. Deshalb ist das Glück in diesem Leben eher eine Wunschvorstellung, ein Ziel, als ein Zustand.
Doch sollen wir für uns das sogenannte irdische Glück auch suchen, und ebenso sollen wir versuchen, andere liebevoll glücklich zu machen.
Im Grunde genommen kann das Leben in dieser materiellen Zeit-Raum-Welt nicht das absolute Glück bieten, das wir suchen. Trotzdem müssen wir das Leben BEJAHEN. Wir wollen bewußt die schönen harmonischen Erlebnisse anstreben und uns bewußt darüber freuen; Schwierigkeiten, Sorgen und Kummer dagegen über uns ergehen lassen, uns davon lösen und nicht mehr daran denken, nicht als Last mitschleppen. Wir sollen unser Leben so gut, schön und erfreulich wie möglich gestalten; soviel Schönes, Positives als möglich aus dem Leben herausho-

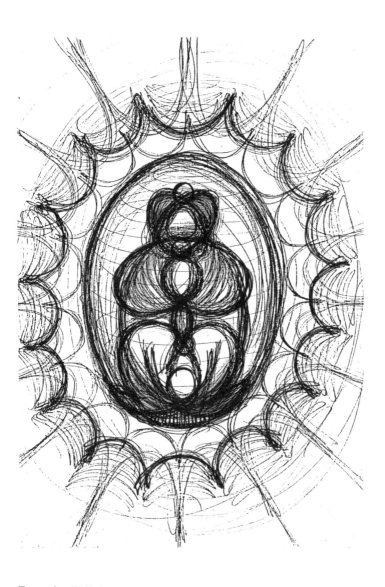

Tantrisches EINS-SEIN.   S. v. J.

len. Dieses Bestreben ist nicht egoistisch, weil es natürlich ist. Das Ziel aller Lebewesen ist es, bestmögliche Bedingungen für die Weiterführung des Lebens zu schaffen. Der Mensch macht es bewußt, andere Lebewesen meist intuitiv. Das Naturprogramm ist Göttlich. Gott ist nicht lebensfeindlich — im Gegenteil. Auch Jesus war ein fröhlicher Mensch.

Sternenhimmel   S. v. J.

Zielsetzung

Am Anfang war das Wort — ein Plan, ein Ziel — und wir sind als Ebenbild Gottes geschaffen, also können wir auch schöpfen. Der Mensch hat schöpferische (aufbauende oder destruktive) Gedanken, Ideen und Pläne. Wir haben Schöpfungskraft in uns und sollten deshalb auch Ziele und Wünsche haben. Aber es geht um die Zielsetzung! Was wir uns vorstellen, ist maßgebend.
Wir sollen die Ziele optimistisch/realistisch ausstecken. Einerseits optimistisch im Sinne der Hoffnung, daß diese Ziele *verwirklicht werden können*, andererseits aber auch so realistisch, daß wir sicher sein können, daß wenigstens ein Teil davon *zu verwirklichen ist*. Wenn man im voraus weiß, daß das anvisierte Ziel nie erreicht werden kann, soll man einsehen, daß dieses Ziel kein Ziel ist, sondern ein Wunschtraum, welcher in den Bereich der Träume gehört.
Bei der Zielsetzung sollte man weise sein, d. h., sich optimistisch/realistische Ziele setzen — aber nicht für immer, sondern für einen gewissen Lebensabschnitt. Man soll also auch die Zeit der Verwirklichung bestimmen. Es ist wichtig, die Ziele immer wieder zu korrigieren und an die geänderten Verhältnisse anzupassen.
Ziele spornen uns zu Aktivitäten an, fördern uns dadurch im materiellen, seelischen und geistigen Bereich. Wir sollten uns Ziele wie Richtpläne aufstellen und an deren schrittweisen Verwirklichung arbeiten. Das gibt dem Leben oder einer bestimmten Lebensphase einen Inhalt, einen Sinn. Diesen im Leben zu finden ist ein Denkprozeß und stimuliert uns positiv. Mit diesem Kraftpotential können wir uns selber helfen, Schwierigkeiten zu überwinden.
Aber was passiert, wenn wir das Ziel nicht erreichen können? Dann müssen wir einsehen, daß das Ziel unrealistisch und zu hoch gesteckt war. Oder wir können es für unsere geistige Entwicklung nicht brauchen und müssen deshalb weiter kämpfen, arbeiten, einen weiteren Lehrgang absolvieren. So können

wir auch in der Nichterfüllung einer Zielvorstellung einen Sinn finden.

Zufriedenheit

Zufriedenheit ist ein Zustand der Klugheit. Wenn man keine zu hochgeschraubten Ansprüche im körperlichen, seelischen oder geistigen Bereich stellt, ist die Enttäuschung und die Verzweiflung über das Nichtgelingen weniger tragisch.
Da unser ICH nichtmaterieller Natur ist, ist die Haftung an materiellen Gütern nicht so wesentlich, wie grundsätzlich angenommen wird.
Ebenso sollte man sich nicht für zu hochgesteckte Erwartungen im seelischen Bereich vorprogrammieren. Auch unser geistiger Weg ist mühsam, die Fortschritte sind schwer zu erarbeiten; wir können keine großen Sprünge nach oben tun. Deshalb müssen wir unsere Wünsche auf ein realistisches Maß zurückschrauben. Im wunschlosen Zustand ist alles ein Geschenk, ein Grund zur Freude.
Dagegen sind hochgeschraubte Wünsche, zu hochgesteckte Ziele, große Träume nur Belastungen, Hypotheken, die uns selber negativ beeinflussen und uns für ein Fiasko, für die Nichterfüllung vorprogrammieren. Wunschlosigkeit befreit uns von allen Belastungen. Man sagt mit Recht: „Ich bin wunschlos glücklich." Die Wunschlosigkeit ist eine innere Haltung. Von Buddha bis Franz von Assisi lehrten uns viele große Menschen die Methode, auf Wünsche verzichten zu können. Besitztum und irdische Wünsche sind nicht gegen den Willen Gottes; aber hierfür müssen wir auch ein richtiges Maß finden. Wir dürfen nicht Sklaven unserer Wünsche und Vorstellungen werden, zu stark an irdischen Gütern haften, sondern uns von diesen befreien. Die Wunschlosigkeit hebt die materiebehaftete Schwerkraft des ICH auf.
Die Wunschlosigkeit ist immer auf eine spezielle Situation bezogen und zeitlich begrenzt. „Ich bin jetzt wunschlos", d. h.

ich habe in diesem Moment keine Wünsche . . . aber das schließt nicht aus, daß man allgemein Wünsche hat.

Der Dichter E. Mörike betete wie folgt:

„Möge Gott mir die Einsicht verleihen,
das was ich nicht ändern kann zu bejahen,
die Kraft, das was ich ändern kann zu ändern
und die Weisheit, den Unterschied zu erkennen."

Begegnung mit Mitmenschen

Wenn wir egoistisch denken, verlangen wir vom Schicksal alles. Wir verlangen, daß unsere Mitmenschen für die Erfüllung unserer Wünsche arbeiten. Es ist selbstverständlich, daß alles gut geht, daß wir weiterkommen, daß wir unser Ziel erreichen . . . welch ein Egoismus! Alle Menschen sollen in mein Denkmodell passen und sich entsprechend benehmen. Diese Vorstellung wird oft stärker und stärker, je mehr wir merken, daß es nicht so geht. Dann kommt es zu Enttäuschungen über sich selbst und zu Konfliktsituationen mit den Mitmenschen. Diese innerliche Enttäuschung und der Konflikt mit der Außenwelt können zu Aggressionen ausarten. Wir sind immer unglücklicher und verzweifelter und merken nicht, daß die Schuld bei uns liegt, da wir uns, gegenüber den Mitmenschen, negativ stimuliert haben und unsere Ziele zu egoistisch waren.

Man soll die Menschen so akzeptieren, wie sie sind. Jeder hat einen Grund oder eine Ursache, warum er so ist, wie er ist. Das bedeutet, daß wir die Mitmenschen nicht nach unseren Wünschen ausrichten, ihre Persönlichkeit nicht nach unseren Vorstellungen ändern dürfen. Liebevolle Begegnung mit jedem Individuum führt zur Ruhe, Konfliktlosigkeit. Deshalb ist es gut, allgemeine Menschenliebe zu üben. „Liebe deinen Nächsten wie dich selbst".

Gefühlswelt

Was unsere Seele betrifft, sollen wir unsere Gefühlswelt bewußt erleben. Die Gefühle sind — wie vorgängig besprochen — dem Unterbewußtsein zugeordnete Aktivitäten der Psyche. Oft glauben wir, daß uns unsere Gefühle überwältigen, mitreißen, unsere Handlungen bestimmen und wir ihnen vollständig ausgeliefert sind; sei dies nun in positiver oder negativer Richtung. Es gibt viele Beispiele, die zeigen, wie Gefühle Schicksale bestimmen oder die Weltpolitik steuern können; Neid, Haß, Ehrgeiz der Politiker, Rassenhaß, Fanatismus und Intoleranz wie z. B. bei Ajatola Khomeini oder in Nordirland; Eifersucht und Liebe — die Grundmotive des italienischen Opern-Librettos usw. Gefühle repräsentieren große Energiepotentiale.
Mit Gefühlen leben, aber diese unter Kontrolle halten, ist wieder eines der Kunststücke des Lebens.
Wir sind heute durch Umwelteinflüsse ständig manipuliert, auch unsere Gefühle sind Zielscheibe der Umwelt. Gefühlsmanipulationen sind heute politische und wirtschaftliche Mittel. Aus diesem Grunde haben wir den Maßstab, was gut und falsch ist und damit das Vertrauen in unsere eigene Gefühlswelt, verloren. Unser Selbstvertrauen ist dahin, wir sind unsicher geworden.
Wir können aber dieses Selbstvertrauen wiederfinden. Dazu gibt es viele Möglichkeiten. Zunächst einmal müssen wir die Ursache der Störungen begreifen und dann versuchen, unsere eigene Gefühlswelt wiederzufinden und zu beachten. Die Erlebnisfähigkeit wächst im Grunde nur, wenn wir uns auch bemühen, unser Gefühl anklingen zu lassen; das kann auf einem Spaziergang, auf einer Wanderung, in der Begegnung mit einem Kunstwerk, beim Hören von Musik oder im Kontakt mit der Natur geschehen. Beim einen sind es die Berge, beim anderen der rundumlaufende Horizont des offenen Meeres, das ihm die auslösenden Eindrücke vermittelt. Wichtig ist, das Vertrauen zur eigenen positiven Gefühlswelt zu entwickeln.

ICH BIN ICH und muß meine Gefühle bejahen. Es sind meine Gefühle, sie gehören zu mir. Ich kann sie natürlich auch lenken und positiv entwickeln. Die Entspannung ist eine gute Möglichkeit, eine Tür zu unserer Gefühlswelt, zum Unterbewußtsein, zu öffnen. Durch Entspannung erreicht man auch direkte Kontakte mit dem Überbewußtsein, mit dem ICH, welches die Gefühle wahrnimmt, auswertet — quasi begutachtet —, positive aktiviert und die negativen abklingen läßt. Das·Verdrängen führt oft zu Verkrampfung, zu Schizophrenie und seelischen Störungen. Durch Entspannung erreichen wir Harmonie — Befreiung.

Angstfreiheit

Angst ist ein wichtiges Phänomen im Leben des Menschen, welches ihn ständig beeinflußt, manipuliert und falsch programmiert. Ein unbefangenes Kind ist sorglos, problemlos und hat keine Angst. Meiner Meinung nach wurde die Angst bereits in frühester Jugend in uns hineinprogrammiert. Angst vor den Taten, vor Strafen, vor Menschen und schließlich vor uns selbst. Die Angst ist somit eine allgemeine Belastung der Menschheit. Auch die verschiedenen Religionen malen einen strafenden GOTT, den wir fürchten müssen, wenn wir nicht „gut" sind. Wir haben Angst vor den Folgen unserer Taten, vor Krankheiten, vor der Zukunft sowie Angst vor dem Leben und dem Tod.
Die wissenschaftliche Psychologie lehrt uns, daß jede Angst im Grunde genommen eine Angst vor der eigenen verhüllten Persönlichkeit, vor dem eigenen ICH ist, hervorgerufen durch eine Identitätskrise. Wo die harmonische Manifestation des ICH's, der Persönlichkeit gestört ist, wo Dissoziation und Zerrissenheit zwischen Verstand (Geist, Intellekt) und Gefühl (Seele) entsteht, wächst die Angst. Die Wurzel und Ursache der Angst ist in der Desorientierung und gestörten Harmonie zu suchen. Sie ist im Grunde genommen eine Angst vor der eigenen

Gefühlswelt, die nicht richtig erkannt wird, oder vor der Schwäche des Geistes, der keine richtigen Entscheidungen zu treffen vermag.

Unsere heutige Welt ist gefühlsfeindlich; sie erlaubt nicht das Ausleben der normalen menschlichen Gefühle. So haben sich die Menschen von den eigenen Gefühlen entfernt und lernen sie zu unterdrücken; dies führt zu inneren Verkrampfungen. Diese seelische Anomalie, diese Entfernung der Seele vom eigenen ICH, ist oft die Ursache der Angst.

Die ursprüngliche Angst vor der eigenen, bereits verdrängten Erlebniswelt kann in vielen Formen zum Vorschein kommen, z. B. als Herzangst, Platzangst, Angst vor Menschen, Angst vor Gewitter, Angst vor allem Neuen, Unübersichtlichen. Die Angst ist eine Belastung, ein psychischer Schatten; sie führt uns zu falscher Beurteilung der Situation und dadurch zu fehlerhaften Entscheidungen und Handlungen. Erkennt man die Fehlhandlung, wird die Angst vor weiteren falschen Taten noch gesteigert. Circulus vitiosus ...

Aus diesem Grunde müssen wir uns von Ängsten befreien. Aber wie? Nicht dadurch, daß wir versuchen, die Angst zu verdrängen, da sie nur um so stärker wird, je mehr wir uns damit beschäftigen, sondern indem wir sie einfach gar nicht ernst nehmen. Ist dieser Weg gefunden, den jeder nur alleine gehen kann, wird daraus Selbstvertrauen als Belohnung der ehrlichen Bemühungen erwachsen. Selbstvertrauen = Vertrauen in unser eigenes ICH.

Ich kann mich gut erinnern, daß mein Vater im Krieg und in den Kämpfen während der Ungarischen Revolution immer wieder sagte: „Du brauchst keine Angst zu haben, GOTT wird dich behüten." Damit hat er mein Selbstvertrauen gestärkt, Gottvertrauen in mich hineinprojiziert. Und tatsächlich war es so. Die Kameraden, die eine sehr menschliche Angst hatten — bei Schießereien oder bei einer nahen Explosion —, waren infolge der Angst bereits falsch programmiert, zeigten falsche Reaktionen der Selbstrettung und sind gefallen. Andere — bei denen die natürliche Reaktionsfähigkeit nicht durch Angst beeinträchtigt wurde — reagierten gesund, blitzschnell und richtig und überlebten viele kritische Situationen. Vertrauen in GOTT, Vertrauen in unser göttliches ICH ermöglicht es uns, von der Angst frei zu werden.

Probleme des Lebens

Die Evolution, welche Lernprozesse voraussetzt, ist ein tiefes Geschenk des Lebens. Man lernt, die Probleme oder Situationen zu erkennen und dadurch zu lösen. Nur derjenige hat „Probleme", der die Lösungen noch nicht erkannt hat. So gibt es im Grunde genommen keine Probleme, sondern nur Situationen, die für uns noch unerkannt sind, die wir noch nicht verstehen.
Lernprozesse lösen die Probleme bzw. ermöglichen uns, die Situationen zu erkennen und dadurch die Probleme auszuschalten. „No problem" ist ein schöner Spruch im Munde eines Menschen, der „draufkommt", der wissend ist.
Wir sollen nicht versuchen, die Probleme und problembelasteten Situationen krampfhaft zu lösen, sondern sie irgendwie zu umgehen. Das Wort „Problem" belastet uns schon beim Aussprechen bzw. beim Anhören. Es bedeutet etwas Ungelöstes, Unbekanntes, Negatives, etwas Gefährliches, Schwieriges, das in uns Angst erzeugt. Deshalb sollen wir die Probleme nicht dramatisieren, sondern ihnen mit positiven Gedanken, mit Selbstvertrauen begegnen und sie so überwinden. Widerstand erzeugt Widerstand, Probleme erzeugen Probleme. Gelassen und mit positiver Zuversicht lösen wir ALLE.
Oft sind die Probleme von uns selbst geschaffen. Viele Menschen, die die seelische Entspannung im Glauben an Gott noch nicht praktizieren, sind ständig mit „Problemen" belastet, die eigentlich keine Realität haben, sondern konstruiert sind. Meistens sind problembeladene Menschen keine tiefgläubigen Menschen. Es ist eine Art von Masochismus, überall Probleme zu suchen und sich dann über die selbstgebastelten Probleme zu

beklagen. Diese armen Seelen haben wenig Schönes im Leben. Man sollte deshalb Vertrauen haben zu Gott und dadurch den „Problemen" ausweichen, ihnen aus dem Weg gehen und sie nicht in sich aufnehmen, sich nicht mit solchen negativen Gedanken beschäftigen.

Die Probleme sind nicht immer auf die Gegenwart bezogen, sondern oft suchen Menschen, die in der Gegenwart keine mehr finden, diese in der Zukunft (Zukunftsangst) oder in der Vergangenheit. Sie holen immer wieder alte Konflikte aus der Erinnerung hervor, aktivieren sie und beschäftigen sich damit — einfach um Probleme zu haben! Welch ein Weg steht einer solchen Seele noch bevor! Was für eine Schule der Entwicklung, des positiven Denkens und des tiefen Glaubens muß noch durchlaufen werden. Schlimm ist, daß diese Menschen das wirkliche Problem, das eigene negative Denken, nicht erkennen. Deshalb: „Erkenne dich selbst!" Mein Ratschlag in solchen Fällen lautet: Glaube fest daran, daß Gott dir hilft, alles zu lösen; löse dich von negativen Gedanken, und befreie Dich damit von den „Problemen".

Prüfungen

Das Leben ist eine Kette von Prüfungen, eine unaufhörliche Bewährungsprobe. Ich stelle mir dies — bildlich gesprochen — als Denkmodell wie folgt vor:

Wir gehen bei der Geburt durch eine Tür und schließen diese hinter uns. Wir befinden uns in einem langen Raum, in dem viele Hürden aufgestellt sind. Wir sind verblüfft. Wir müssen uns orientieren; dies geht 6 bis 7 Jahre lang. Inzwischen vergessen wir alles, was mit uns vor der Geburt war. Wir fangen langsam an, vorwärts zu kommen. Wir sehen die verschiedenen Hürden. Wir können versuchen, die erste zu überspringen. Entweder gelingt es uns — oder eben nicht. Oder wir können sie sogar auslassen, auf die Probe verzichten. Dann kommt die zweite

Hürde, wieder eine neue Entscheidung: Anlauf . . . Springen . . . oder Auslassen . . . So geht es weiter, bis wir ziemlich müde am Ende des Raumes ankommen. Dort ist die Ausgangstür — der Tod.

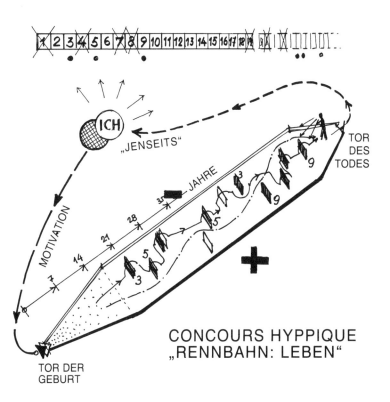

CONCOURS HYPPIQUE
„RENNBAHN: LEBEN"

Wir stehen plötzlich an der Schwelle, blicken zurück, sehen die Rennbahn mit den bewältigten bzw. übersprungenen, den umgestürzten und den ausgelassenen Hürden. Wir blicken zurück — plötzlich rekapitulieren wir im Lebensfilm alles; bereuen die umgestürzten und bewußt umgangenen Hürden, die verpaßten Chancen. Wir ziehen eine Schlußbilanz und treten durch die Türe, in die ursprüngliche Umgebung der seelischen

Dimensionen. Hier steht auf einer großen Tafel eine Liste mit den ursprünglich zu bewältigenden Hürden. Die bewältigten haken wir glücklich ab. Aber leider sehen wir etliche, die noch nicht erledigt sind. Diese studieren wir mit Bedauern und fangen an, einen neuen Plan für den nächsten Durchgang zu schmieden. Es sind noch viele Hürden, viele schlechte Eigenschaften, viele archetypische Situationen als Bewährungsproben zu bewältigen. Wir lesen einige aus und bestimmen, welche Prüfungen auf dieser Erde beim nächsten Anlauf zu bestehen sind. Um diese richtig zu motivieren, bestimmen wir ein Sternzeichen mit archetypischen guten und schlechten Eigenschaften, unsere Blutgruppe, unsere körperlichen und seelischen Probleme, die unsere gewählten Proben profilieren. Dann bestimmen wir das Land, die Zeit, die gesellschaftlichen und wirtschaftlichen Situationen, die Familie usw. und warten eine Sekunde oder 100 Jahre — nach irdischer Zeitmessung. Dann starten wir erneut. Darin sind für mich die vielen individuellen Schicksale und verschiedenen Lebensumstände begründet.

Man kann — nach östlicher Terminologie — die Proben bzw. die zu bestehenden Prüfungen, die wir als Belastung auf uns genommen haben, Karma nennen.

Eine wichtige Feststellung ist für mich, daß wir unser Karma, das wir zu bestehen haben, erkennen sollten. Da diese Proben vor der Geburt bzw. vor der Zeugung — im nichtmateriellen Existenzbereich — programmiert sind, müssen wir auch dort die Gründe suchen.

In stillen Stunden sollten wir versuchen, darüber zu meditieren: Welches sind unsere Aufgaben in diesem „Durchgang". Nur dann, wenn wir uns ganz entspannt zu öffnen vermögen, können wir Gedanken, eventuell Hinweise erhalten. Sollten uns einige — oder alle — der uns gestellten „karmischen" Aufgaben bewußt werden, können wir viele der erkannten Hindernisse leichter überspringen.

Die nicht erkannten Gefahren und Proben sind oft ein Verhängnis, weil wir dann emotionell reagieren — und nicht mit Verstand.

Befreiung

Veranlagung, Erbgut, Blutbild, Milieu, Sternzeichen-Typ, die Zeit, in der der Mensch lebt, das Land, wo er lebt usw. sind Fakten, die ihn weitgehend disponieren, von deren Zwang er sich jedoch, je nach seiner inneren Reife, mehr oder weniger befreien kann. Diese äußerlichen Einflüsse sind vielfach nur Lasten, die man bewußt bekämpfen sollte, um sich dadurch zu befreien. Der Mensch ist nicht frei, er wird frei, denn jeder kann nur einen bestimmten Grad der Freiheit erreichen — den Grad, der seiner inneren Entwicklung entspricht.
Meiner Meinung nach stellen die oben erwähnten Rahmenbedingungen keine Entschuldigung dar für unser fehlerhaftes Verhalten in diesem Leben. Wir haben dies alles selbst gewählt, um die damit verbundenen archetypischen Verhaltensmodelle zu bekämpfen und nicht noch ausgeprägter zu demonstrieren. Es ist ebenso falsch, die eigenen Fehler, falschen Entscheidungen, Handlungen, negativen Taten mit solchen Argumenten zu rechtfertigen und die eigene Verantwortung abschwächen zu wollen. Dieser billige Trick funktioniert eventuell im Erdenleben — nicht aber im Tod. Wir können unser Gewissen nicht mit falschen Vorstellungen betäuben oder einlullen. Meine Erfahrung zeigt, daß wir unabhängig von Blutgruppe, Sternzeichen, Aszendent, Milieu, Bildung, Veranlagung, Erbgut usw. nur nach den allgemeinen kosmischen Prinzipien beurteilt werden.

Schmerz/Leid/Schicksalsschläge

Wenn wir unser Karma — die uns vor der Geburt bereits gestellte Aufgabe — erkennen, werden wir sehen, welcher Reifeprozeß uns bevorsteht, was wir noch durchstehen und was wir noch überwinden müssen. Auf welches irdische Glück wir verzichten müssen, um unserer Entwicklung zu dienen, welche Verhaltensweisen wir ändern und welche Einstellung wir vergeistigen müssen.

Dazu dienen die Proben, die Schwierigkeiten, die sogenannten Schicksalsschläge im irdischen Leben, die privaten Katastrophen, der Schmerz und auch die seelischen und körperlichen Leiden.

Ja, alle diese, von der rein irdischen Froschperspektive aus gesehenen Schicksalsschläge haben doch, vom kosmischen Standpunkt aus betrachtet, eine Bedeutung, einen Zweck und eine gute Seite. Sie sind Bestandteil des Lebens, des „Schicksals".

Deshalb sollen wir die Schicksalsschläge und die seelischen sowie körperlichen Leiden akzeptieren mit dem Gedanken: Ich lasse mich nicht kleinkriegen durch diese Katastrophen, sondern ich werde sie überwinden und dadurch reifen um mich weiterzuentwickeln. Und dann, wenn wir uns mit unserem Schicksal identifizieren können, dürfen wir ehrlich sagen, wie es im „Vater unser" steht: „Dein Wille geschehe!"

In meinem Leben sind die Katastrophen und Schicksalsschläge sehr ausgeprägt: Zusammengebrochene Karriere, Flucht aus der Heimat, Verluste, körperliche Leiden, Schmerz usw. Ich bin heute sicher, daß auch mein Unfall schicksalsbedingt war.

Aber der Schmerz ist nicht nur mein Begleiter, sondern auch mein Freund geworden. Ich habe durch den körperlichen Schmerz und durch alle Verluste, die ich erleiden mußte, eine positive Philosophie entwickeln können. Ohne Schmerz und Leid wäre ich nie so weit gekommen und hätte nie davon sprechen und schreiben können. Leid ist ein Bestandteil des Lebens: Wir sollten das Leid nicht verdammen, sondern ihm positiv begegnen, es vergeistigen, sublimieren, um es dadurch zu überwinden und ins Positive umzuwandeln. Dadurch werden wir leidenden Menschen seelige Menschen. Auch das Eisen wird im Feuer durch die Hammerschläge des Schmiedes gehärtet, veredelt, schön geformt, und so sei es auch mit uns auf dieser Erde.

Den Sinn des Leidens können wir nur verstehen, wenn unser Ich-Bewußtsein nach oben gerichtet ist.

Kraft

Wir sollten also bereit sein, die karmisch bedingten, d. h. selbstgewählten Schwierigkeiten auf uns zu nehmen und die Probleme allein zu lösen, die Verantwortung selbst zu übernehmen. Dadurch entlasten wir unsere Umgebung, unsere Mitmenschen.
Die Prüfungen des Lebens sind manchmal schwer, man fühlt, daß sie unsere Kräfte fast übersteigen und wir doch von irgendwoher Kräfte schöpfen müssen. Diese Proben müssen wir aber selbst bestehen. Die Kraft dazu ist in uns verborgen. Die Göttliche Kraft ist der Göttliche Funke in uns, der Kern des ICH's. Es muß uns bewußt sein: IN MIR, IN MEINEM ÜBERBEWUSSTSEIN, IST DIE GÖTTLICHE KRAFT, mit der ich alles im positiven Sinn lösen kann. Als wir unsere Hürden, die für diesen Reifeprozeß nötig sind, bestimmten, wußten wir auch, was für ein Energiepotential wir dazu benötigten. Deshalb haben wir auch immer genügend Kraft für die Proben. Bewußt sollen wir diese Kraft in uns aktivieren, alles annehmen und in der Göttlichen Kraft auflösen. Falls der Mensch die kosmischen Gesetze erkannt hat und sich selbst unter das kosmische Gesetz der Liebe stellt, wird er von den Schatten, Belastungen, dem Karma befreit — und er wird die Prüfungen bestehen können.

Toleranz

Jeder von uns hat andere Wege zur Erkenntnis der Wahrheit, da jeder mit anderen Aufgaben geboren und mit anderen Strukturen ausgestattet ist. So braucht jeder andere Entfaltungsmöglichkeiten. Wir müssen deshalb diese individuellen Wege der anderen mit Toleranz anerkennen, sie fördern und nicht unterdrücken. Mit anderen Worten, die Menschen dürfen keine Meinungen, Ideologien, Bekenntnisse, Denkmodelle, Religionen, politische Systeme oder Strukturen etc. anderen aufoktroyieren und damit ihre Freiheit einschränken. Im Gegenteil: Wir

sollen die Vorstellungen des Nächsten tolerieren und nicht verurteilen. Niemand weiß in diesem Leben, was kosmisch richtig ist und warum er so ist, wie er ist. Unser Weg ist individuell. Individualismus kommt Menschenwürde gleich.
Wir wissen, daß die Liebe die größte Kraft ist und „Liebe deinen Nächsten wie dich selbst" das wichtigste Prinzip darstellt. Mit diesem Wissen müssen wir unseren Mitmenschen mit Liebe begegnen.
Eine Art von Liebe ist es, den anderen zu akzeptieren, zu tolerieren und nicht zu bekämpfen.
Aber wenn wir die Freiheit und den Individualismus des anderen anerkennen, sollen wir auch uns selbst von allen äußeren und hemmenden Einflüssen wie Dogmen, Denkmodellen, Schemen sowie von der Vergangenheit „befreien". Durch diese Befreiung werden wir aller Vorprogrammierung und Manipulation, der wir tagtäglich ausgesetzt sind, bewußt entgegentreten und dadurch unsere Denk- und Entscheidungsfreiheit bewahren, genauso wie wir sie den anderen zubilligen. Diese Entscheidungen müssen wir — und alle Menschen — in völliger Freiheit treffen und dafür die volle Verantwortung tragen.

Entscheidungen

Wenn uns bewußt wird, daß wir die Verantwortung für alle unsere Taten und Gedanken selber tragen müssen, können wir diese bewußt noch vor deren Durchführung — bereits bei der Entstehung — unter Kontrolle bringen. Wir stehen ständig vor Entscheidungen, vor uns sind unzählige Wege, ein Gewebe von Schienen; wir müssen ständig die Weichen stellen. Dies ist eine große Herausforderung an uns. Meine persönliche Methode ist, immer daran zu denken, daß ich mich selbst im Tod sehe und beurteile. Deshalb sage ich oft zu mir selbst: „Achtung Stefan! Du wirst dich wiedersehen! Wie wirst du dich beurteilen? Ist das gut, was du zu tun gedenkst?" — und oft stelle ich dann die Weichen anders.

Foto: S. v. J.

Die meisten Menschen werden von den Geschehnissen des Lebens, des Alltags einfach mitgerissen. Es passiert etwas mit ihnen, ohne daß sie realisieren, wie stark sie durch die Umwelt beeinflußt wurden, ja sogar Befehlen fast automatisch folgen. Diese Menschen denken nicht daran, daß sie auch für solche „automatischen" Gedanken und Taten die Verantwortung zu tragen haben. Das ICH-Bewußtsein bleibt für immer der Träger der Entscheidungen.

Deshalb sollten wir alles möglichst bewußt denken und tun. Wir dürfen nicht einfach durch alle Schienen rasen ohne zu merken, daß unter den Rädern unzählige Weichen stehen, die alle eventuell anders gestellt werden könnten. Es ist eine wunderbare Gnade Gottes, daß wir als einzige Lebewesen ein höheres Bewußtsein haben und einen freien Willen, den wir ständig für Entscheidungen benützen können.

Die großartige Tatsache — durch bewußte Entscheidungen unser Schicksal lenken zu können — sollte uns bewußt werden. Wenn wir diesen Gedanken ins Zentrum unseres ICH stellen, werden wir der „Menschwerdung" einen großen Schritt näherkommen. Je besser die Entscheidungen sind, desto reifer ist der Mensch.

Die Entwicklung

Wenn man sich in die Frage nach dem Sinn des Erdenlebens vertieft, kommt man zur Erkenntnis, daß der Kern des Menschen völlig auf Entwicklung angelegt ist, und daß diese Entwicklung auf der Erde in einer äußerst intensiven Auseinandersetzung mit der Materie besteht. Es stellt sich die Frage, ob für die irdische Phase der Entwicklung ein einziges Erdenleben ausreicht. Man kann nur an die eigene Erfahrung jedes Menschen appellieren, daß die Existenz in der Materie eine solche Fülle von Problemen und Konfrontationen mit sich bringt, daß der Mensch in der kurzen Spanne irdischen Daseins diesen Prüfungen in keiner Weise voll gewachsen ist, geschweige denn, sie bewältigen kann. Beobachtet man sich selbst und die Mitmenschen, so wird man feststellen können, daß eine irdische

Existenz nur einen relativ geringen Sektor an Erfahrungs-, Erkenntnis- und Entscheidungsmöglichkeiten bietet. Sie reicht nicht einmal annähernd aus, jene Erfahrungen, die das Leben in der materiellen Welt ermöglicht, auf sich zu nehmen und aufzuarbeiten oder gar die Materie selbst zu durchdringen, um sie etwa zu vergeistigen oder zu sublimieren. Die enormen Schwierigkeiten der zu bewältigenden Aufgaben und Probleme legen die Vermutung nahe, daß die Erde ein Erfahrungsfeld darstellt, das der Mensch während einer einzigen Existenz nicht durchschreiten kann. Wenn es also tatsächlich die Aufgabe des Menschen ist — wenigstens in der irdischen Phase — die Probleme der materiellen Welt zu lösen, so wird er auch die Chance dazu bekommen. So wird die gesamte irdische Phase der Existenz aus einer Reihe von irdischen Inkarnationen zusammengesetzt. Ein einziges Leben auf der Erde würde für keinen Menschen ausreichen, aus diesem Leben die erforderliche Lehre zu ziehen, alle Variationen irdischen Daseins zu erleben, sich als leibliches, psychisches und an die Materie gebundenes geistiges Wesen zu erfahren und dieses Wesen mit seinem inneren Kern — dem Selbst — zu durchdringen, um sich somit von der Erde, von der Materie geistig „lösen" zu können.

Die großartige Lehre meines Lebensfilmes zeigte mir, daß mir alle Situationen im Leben neue Möglichkeiten der Entwicklung geöffnet haben. Alles, alles im Alltag kann für die geistige Entwicklung gebraucht werden — wenn man eben bewußt daran denkt. So können wir an jedem Tag, in jeder Stunde oder Minute etwas für UNS tun, aus jeder Lebenssituation etwas Positives herausholen, was uns zur Entwicklung dient und uns der Menschwerdung näher bringt.

Die Entwicklung, die in mehreren Erdenleben erfolgt, ermöglicht dem ICH in anderen Schwingungsprinzipien, auf anderen Ebenen, Sphären zu existieren und nicht mehr in das Fleisch, in die Materie, reinkarniert werden zu müssen.

Gemäß meinem physikalischen Denkmodell kann ich das bleibende Positivum, das erreichte Gute mit der Entropie vergleichen; die guten Taten sind irreversibel, sie bleiben immer an uns haften — die negativen hingegen werden „ausgeblendet". Dadurch entsteht eine neue Chance, auch diese in Gutes zu verwandeln. Die geistige Entwicklung ist der Trend, dem wir folgen sollten.

S. v. J.

Das Leben

Das Leben, das ich jetzt lebe, ist mein Leben. Ich habe mein Schicksal selbst gewählt und muß mich darin bewähren. Jeder von uns ist eine „Einzelausgabe", der eine gewisse Reifestufe erreicht hat und nun zwecks Lösung individueller Aufgaben in der Welt reinkarniert ist.
Deshalb sollen wir uns auch in die Gesellschaft integrieren, die wir als Erfahrungsfeld gewählt haben. Wir dürfen uns nicht aus den heutigen Problemen heraushalten. Unsere Aufgaben werden uns von der Gesellschaft im Alltagsleben präsentiert. Eine positive, aktive Integration in die heutige Welt ist deshalb im Sinne Gottes.
Wir leben im Grenzbereich der drei Dimensionen Körper — Seele — Geist und müssen in allen Lebenssituationen das Gleichgewicht zwischen diesen drei Schwingungszuständen immer wieder neu bestimmen. Mäßigung ist dabei die beste Devise. Nichts soll übertrieben werden. Alles was nützlich, gut und fördernd ist, wird bestimmt in einer Katastrophe enden, falls es übertrieben angewandt wird.
Ein Cocktail ist etwas Gutes. Er besteht aus edlen Bestandteilen, die die meisten von uns gerne trinken. Die Mischung ist gut. Verändern wir aber die Mischung zu Gunsten eines Bestandteiles, so verderben wir den Cocktail. So ist es auch mit uns. Das ICH sollte immer für die gute Mischung, für das harmonische Gleichgewicht sorgen.

Die Zeit, in der wir leben

Auf dieser Erde leben wir in der Zeit. Hier haben wir Vergangenheit, Gegenwart und Zukunft. Von diesen drei Zeitphänomenen ist die Gegenwart die wichtigste.
Die Vergangenheit ist wie Asche. Es ist schon passiert, ob gut oder schlecht — es ist vorbei. Deshalb sollen wir die Probleme der Vergangenheit ablegen, sie nicht mit uns schleppen. Am

Vierte Dimension: „Zeit".

meisten belasten uns die Enttäuschungen. Eine gnadenvolle Einrichtung Gottes manifestiert sich in der Tatsache, daß die schlechten Erfahrungen und Erinnerungen langsam in Vergessenheit geraten. Wir erinnern uns natürlich gerne an Geschehnisse, die als schöne Erinnerungen registriert sind.

Aber wie viele Menschen arbeiten gegen diese göttliche Einrichtung. Wie viele aktivieren immer wieder die negativen Eindrücke der Vergangenheit und sind an diese angekettet. Als Entschuldigung wiederholen sie immer wieder den Satz: „Ich kann nichts dafür — ich bin nun einmal so." Diese Menschen sind von der Vergangenheit programmiert und das verbaut ihnen den Weg der Entwicklung, der Selbstverbesserung.

In die Zukunft projizieren wir unsere Zielvorstellung.
Wir wissen nicht, was die Zukunft bringt. Das ist gut so. Wenn wir wüßten, was auf uns zukommt, wären die ständigen Entscheidungen nicht mehr nötig und damit wären wir auch der Möglichkeit der Entwicklung beraubt. Meiner Meinung nach ist es auch eine Gnade Gottes, daß uns die Zukunft verschleiert ist. Es ist so, wie wenn wir in einen dichten Nebel fahren würden und unser Scheinwerfer beleuchtet nur die kurze Strecke, die gerade vor uns liegt. Die Informationen, die wir von dieser Strecke erhalten, sind die Ausgangspunkte für unsere Entscheidungen.
Die Strecke ändert sich langsam und wir bekommen neue Informationen. Damit müssen wir auch neue Entscheidungen treffen. Dies ist der harte Weg der Entwicklung.
Die Entscheidungen treffen wir immer jetzt und hier. Wir haben die Verantwortung für den jeweils gegebenen Augenblick. Dieser Augenblick ist die Gegenwart. Wir sind immer im Jetzt. Wir sind nicht in der Vergangenheit oder in der Zukunft, sondern wir sind jetzt und hier. Das JETZT ist unsere Prüfung, eine Bewährungsprobe und Chance zur Entwicklung.
Wir leben heute. Jetzt stehe ich vor neuen Entscheidungen, d. h. jetzt ist mir die Chance gegeben, etwas zu ändern, neu anzufangen, meinen Weg in einer neuen Richtung zu suchen.
Die Herausforderung, immer wieder JETZT und HIER neue Entscheidungen zu treffen, ist ebenfalls ein Geschenk Gottes. Immer wieder haben wir die Möglichkeit, gute positive Gedanken zu entwickeln und Taten im Zeichen der Liebe zu vollbringen.

Der Weg zu Gott

Die Entwicklung ist wie eine Jakobsleiter: Sie steht auf dem Boden der materiellen Welt und verschwindet oben in den Sphären, wo Licht und Liebe ist. Ihr Ende ist unsichtbar. Das Ziel aller Existenzformen in der materiellen Welt kann man so formulieren: „Näher mein Gott zu Dir." Näher zu Gott, den wir nicht erfassen, beschreiben oder uns vorstellen können.

Auch in der Bibel steht: „Du sollst dir kein Bildnis machen . . ." (5. Buch Mose 5, 8). Die Menschen jedoch sind fasziniert und versuchen immer wieder, Gott zu „erforschen" — es wird ihnen nie gelingen.

Jeder von uns hat jedoch irgendwie ein Denkmodell von der unendlichen, unerfaßbaren Intelligenz. Die mentale, die psychische und geistige Entwicklung, mit anderen Worten die innere Reife des Menschen entscheidet darüber, wie er sich Gott vorstellen und mit seinem ICH erfahren kann. Sicherlich übernimmt jeder Mensch in einer gewissen Weise das Gottesbild jener Tradition, in welcher er steht, aber in einer seiner Eigenart und Entwicklungsstufe entsprechenden Weise. Man kann also sagen, es gibt soviele Gottesbilder, wie es Menschen gibt.

Lebendig und echt ist die Gotteserfahrung nur dann, wenn sie das ganze ICH durchdringt, wenn also der Mensch aufgrund seiner Gotteserfahrung sein Leben entsprechend einzurichten vermag. Der Mensch, der von der Bedeutung der inneren Entwicklung überzeugt ist, wird auch die Wichtigkeit jeder irdischen Existenz, jeder Inkarnation hoch schätzen können, weil er darin eine Aufstiegsmöglichkeit erkennt. Nicht ein konstruiertes Gottesbild, sondern das innere Erleben der Gottesexistenz ist für den Menschen wichtig.

Menschen, die eine Art von Einweihung durch den Tod über sich ergehen ließen, die einmal klinisch tot waren und dann wieder reanimiert wurden, können nach ihren Erlebnissen die Bedeutung des diesseitigen Lebens erst richtig erfassen und versuchen, ihr Leben gemäß kosmischen Prinzipien weiterzuführen. Nicht nur ich, auch viele andere haben ihr Leben nach

dem Erlebnis des klinisch toten Zustands völlig geändert. Die Ursache dafür ist das transzendentale mystische Erlebnis von GOTT — das Schönste, das Stärkste, das Lebendigste meines bisherigen Lebens.
Die Menschen sprechen von GOTT als dem Erlebnis des LICHTES. Wir mußten staunen über die unendliche Größe der höheren Dimensionen, wo das Wirkungsfeld der Seele und des Geistes ist. Die materielle Welt bindet unseren Körper durch die bekannten und wissenschaftlich erforschten Gesetze. Aber die nichtmateriellen Bestandteile in uns, welche von „oben" stammen, streben ohne Zwangsjacke des Körpers nach oben, „nach Hause" und suchen den Kontakt mit dem Übermenschlichen, mit der nichtmateriellen Ursubstanz. Dieses Streben wird als Religio = Zurückbinden an die Ursubstanz kanalisiert, bestimmt, organisiert. Die Rückkopplung erfolgt durch Beten und Meditieren. Meditation ist ein modisches Wort für die bewußte Kontaktsuche mit der nichtmateriellen Welt, oder anders ausgedrückt, eine Exkursion unseres ICH in die höheren R5, R6 usw. Existenzebenen, in die Unter- bzw. Überbewußtseins-Bereiche.
Genau dasselbe ist das Gebet. Beides sind bewußte Abschaltungen des Tagesbewußtseins. Gewisse Körper- und Handstellungen, gewisse Töne, Sprüche bzw. der Gesang — bei jeder Lehre und Methode etwas anders — helfen durch programmierte „Einbildungen", die Abschaltung der materiellen Umgebung und Aktivierung des Unter- oder sogar des Überbewußtseins einzuleiten. Es kann eine Art von Autosuggestion, Wachsuggestion, Halbtrance, sogar Trance oder religiöse Ekstase sein. Das Ziel ist die Befreiung der Psyche und des Pneuma (Seele, Geist usw.) vom materiellen Leib, das Öffnen eines Fensters, eines Kanales oder die Schaffung einer Verbindung mit dem übermenschlichen Energiepotential in uns selbst, mit dem Kosmos oder mit Gott.
Auch Wünsche — die meisten Gebete sind solche — können dorthin projiziert werden, und dadurch können neue Verwirklichungsideen oder -kräfte vom Überbewußten geholt werden.

Meditation　　　　　　　　　　　　　　　　　　　　S. v. J.

Meiner Meinung nach darf man die Meditations- und Gebetsübungen auch nicht übertreiben, da die Gefahr besteht, daß wir mit nach „oben" gerichteten Augen auf dieser Erde, wo wir zu leben und unsere Lebensaufgaben und -prüfungen zu bewältigen haben, stolpern werden. Und wenn wir ständige Hilfe von „oben" erwarten, sei es eine überbewußte Vorstellung oder eine personifizierte Hilfeleistungsstelle wie z. B. die heilige Maria, der heilige Antonius oder verstorbene Verwandte und Freunde, wird das Selbstverantwortungsbewußtsein ausgeschaltet. Das Ziel der Meditation, des Gebets, des AT-Trainings, der ZEN-Übungen, des Alpha-Trainings® — und wie sie alle heißen —

sollte das Aktivieren des Ich's, das Auftanken des Geistes sein, damit wir danach positive und aktive Ziele anstreben und nicht mit fauler Passivität die bestellte Hilfe erwarten.

Der Weg zum ICH

ICH BIN ICH und in mir ist Gott.
Der Kern des Ich-Bewußtseins ist das Überbewußtsein, der Göttliche Funke, welcher in uns ist, und mit dem wir uns identifizieren sollten.

Ein Dichter sagte:

„Mensch: Suche nicht das Glück im Weltgewimmel,
je tiefer in Dich zurück, desto höher im Himmel."

Dort, nur dort in unserem Überbewußtsein wohnt die Wahrheit. Es ist schwer, dorthin zu gelangen und von der Wahrheit etwas wahrzunehmen. Die sogenannte INNERE STIMME vermittelt uns spontane intuitive Impulse. Wir sollten versuchen, diese Stimme wahrzunehmen und die Anweisungen zu befolgen.
Von dort, von den Tiefen des ICH-Bewußtseins strömen unaufhörlich positive Ideen, gute Gedanken aus. Dort haust die Muse, die den Künstler inspiriert. Von dort strömt die Gnade Gottes in Form der Liebe auf uns zu.
Liebe ist die größte Kraft. Wenn man die Liebe lebt, kann man den Egoismus überwinden und im irdischen Bereich auch mehr ertragen. Egoistische Menschen sind nicht „belastbar", um so mehr aber diejenigen, in denen GLAUBE — LIEBE — HOFFNUNG als lebendige Aspekte anwesend sind.
Dadurch ist auch die Möglichkeit gegeben, unser Leben positiv zu gestalten. Unser ICH ist der Steuermann, der das Schiff durch alle Gefahren und Klippen zum Ziel, d. h. in die Richtung des Leuchtturmes führen kann.

Liebe   S. v. J.

Das Ziel des positiven Lebens

Unser Ziel ist es also, uns immer mehr zu veredeln, die materiellen körperlichen Aspekte allmählich zu überwinden, um unser Bewußtsein mehr und mehr zu vergeistigen. Jedes geschaffene Wesen strebt bewußt oder unbewußt zum Licht, zur vollkommenen Göttlichen Liebe. Der Weg wird immer steiler. Wir müssen einen ziemlich engen Pfad beschreiten, der durch zwei Wände oder Abschrankungen immer schmaler wird. Auf

der rechten Seite ist alles positiv, auf der linken alles negativ, d. h. wir pendeln zwischen Positiv und Negativ, zwischen Licht und Finsternis, manchmal vorwärts, manchmal rückwärts und bahnen uns schließlich den Weg zum Licht. Bleiben wir in der Mitte, so können wir fast gerade weitergehen. Schwanken wir zwischen Positiv und Negativ, so wird unser Weg zu einem Zick-Zack-Kurs, und wir kommen nur langsam vorwärts.
Unsere ganze Tragödie ist durch unseren freien Willen entstanden. Leider wählen wir nicht immer das Richtige, sondern aufgrund menschlicher Schwächen oft auch das Schlechte.
Stellen wir uns das Bild mit dem steilen und engen Weg vor, der durch Positiv- und Negativ-Prinzipien begrenzt ist, wobei sich weit vor und über uns das Licht ausbreitet. Je näher wir zum Licht gelangen, desto mehr Energie können wir von ihm empfangen. Wir haben dann mehr Mut, höher hinaufzusteigen. Infolge des Kräftespiels zwischen Positiv und Negativ stolpern wir auch, und plötzlich ist das Leben beendet. Wir haben schon eine gewisse Stufe erreicht, und im nächsten Leben fangen wir genau dort wieder an, wo wir aufgehört haben. So steigen wir immer höher und höher.

Les conséquences de nos actes
se manifestent éternellement
à travers l'espace et le temps

Die Folgen unserer Taten
wirken ewig durch Raum
und Zeit

ANAXAGORAS

VII. Veränderte Zustände des Ich-Bewußtseins während des klinischen Todes

Meine Erlebnisse im klinisch-toten Zustand sind — als persönliches Erlebnis — eine unabdingbare Realität. Ich weiß für mich, daß es so war, und ich bin überzeugt, daß ich beim nächsten Todeserlebnis wieder durch diese Bewußtseins-Zustände hindurchgehen werde.
Die Frage ist, ob sich meine persönlichen Erlebnisse mit den Erlebnissen von anderen Wiederbelebten decken. Nach meinen Begegnungen mit wiederbelebten Menschen, nach dem Studium von vielen Berichten und nach dem heutigen Stand der tanatologischen Forschung kam ich zur Überzeugung, daß es sich bei mir nicht um ein personengebundenes spezifisches Erlebnis handelt, sondern daß ich mit meinen Erlebnissen nur ein repräsentativer „Fall" von mehreren tausend bisher erforschter und erfaßter „Fälle" bin. So glaube ich, daß wir hier auf den Spuren des Erlernens des Todes angelangt sind.
Meine Erlebnisse sind Erlebnisse von meinem ICH, welches über dem Mensch-Bewußtsein steht. Beim Herztod tritt das ICH-BIN-Bewußtsein mit allen nicht materiellen Bestandteilen, Wesensgliedern des ehemaligen Menschen, aus dem Körper. Es bleibt nur die leblose Materie als Leib, die Leiche, zurück, weil die Lebensenergien nicht mehr fließen, die sich nach einem noch zu erforschenden Muster nach und nach aus allen einzelnen — ehemalig lebenden — Zellen „zurückziehen" (siehe Tibetanisches Totenbuch). Der Mensch hört dann auf, Mensch zu sein. Das ausgetretene ICH beinhaltet aber weiterhin psychische, pneumatische (geistige) und intuitive Strukturen.
Es ist also eine fühlende, emotionsbeladene, intelligent denkende, freien Willen und Entscheidungsvermögen besitzende, zur Transzendenz strebende körperlose Wesenheit.

Diese Umwandlungen sind symbolisch als Durchschreiten von Toren, Hinabsteigen in Täler und Hochsteigen auf Berge, Überqueren von Wassern oder Überwinden von verschiedenen Hindernissen in den verschiedenen Religionen und diversen philosophischen Richtungen alten und neueren Datums bekannt.

Ich habe damals bereits kurz nach meiner Wiederbelebung die Etappen, Phasen, Stufen dieser Umwandlung beschrieben und charakterisiert, die dann, wie ich viel später erfahren konnte, verblüffend mit den alten Weisheiten und den verschiedenen Aussagen über den Tod (Tibetaner, Ägypter, Maya etc. — Totenbücher) übereinstimmten.

Ich habe diese Stufen, Phasen, als 12 Bewußtseins-Zustände oder Erlebnis-Phänomene des ICH's bei der Ummodulation, der Transfiguration im Tod definiert.

Die 12 Bewußtseinszustände oder typischen Situationen während des klinisch-toten Zustandes sind:

1. Austritt:
   Einen Tunnel, einen Engpaß oder ein dunkles Rohr passieren; Angst, daß man irgendwo hängenbleibt; verzweifeltes Streben in die Richtung des Lichtes.

2. Durchgekommen:
   Auf der Lichtseite angekommen. Wiedererlangung des Bewußtseins: Ich habe die Krise überlebt — ich habe Glück gehabt — Gefühl von Freude.
   Das Bewußtsein ist klarer, transparenter, breiter, schärfer, weil es nicht auf materielle Ebenen eingeschränkt ist. Neugierde: Was kommt noch?

3. Bewußtwerden des Todes:
   „Ich bin ausgetreten — ich habe keinen Körper mehr — ich bin tot." Eine natürliche Feststellung, eine Selbstverständlichkeit ohne Angst, ohne Emotionen.

4. Gefühl der Befreiung, Feststellung der Schmerzlosigkeit — Erleichterung, Wohlbefinden — Glücksgefühl. Alles ist Schwingung. Wahrnehmung von harmonischen Farben, Formen, Töne.
Evtl. Begegnung mit Verstorbenen, Gefühl des Geborgenseins in der Liebe Gottes.

5. Beobachtung des eigenen Todes:
Was passiert mit dem abgelegten Körper? Wahrnehmung der Umgebung, ohne Sinnesorgane alles sehen und hören, auch die Gedanken der Anwesenden werden wahrgenommen.

6. Kein irdisches Interesse mehr:
Loslösen vom ehemaligen Körper sowie von irdischen Problemen. Materielle Güter, liebe Personen, irdische Gedanken und Pläne — alles wird bewußt losgelassen.

7. Intensivstes Lichterlebnis:
Für Gläubige das Gotteserlebnis. Man verspürt den einzigen Wunsch, ins Licht hineinzufliegen, direkt zu Gott zurückzukehren, sich mit Gott zu vereinigen und so sein ICH aufzulösen — Glücksgefühl (Tshi-hai Bardo).

8. Schock:
„Stopp — du kannst nicht ins Licht fliegen, weil du nicht reif und rein genug bist." Große Enttäuschung. Man muß Rechenschaft ablegen über das Leben.

9. Lebensfilm und Urteil:
Er umfaßt alle Gedanken. Die Motivationen für die Entscheidungen werden von uns selbst auf Grund des allgemeinen kosmischen Harmoniegesetzes der Liebe beurteilt. Große Überraschung: Selbsterkenntnis: Alles wird auf einmal klar.

10. Folgeerlebnisse:
Einerseits Freude über die bestandenen Prüfungen, andererseits Klage, Qual über die gemachten „Fehler". Erleben von „Himmel und Hölle" als Bewußtseinszustände.

11. Reue und Vergebung:
    Tiefes Reuegefühl über die gemachten Fehler; es gilt keine Ausrede, keine Entschuldigung. Man spürt keine Strafe oder Verbannung, sondern erkennt dankbar die neue Chance durch Reinkarnation.

12. „Persönliche Einweihung":
    Erlangen von kosmischen Erkenntnissen, Verstehen von bisher verhüllten Problemlösungen; Einblick in frühere Leben und noch zu bestehende Prüfungen.

Dann folgt die Entscheidung:

A Volle Reinigung durch Reue und Vergebung gelungen; man darf in die Richtung des Lichtes fliegen (vergl. TSCHOENID BARDO, die Erlösung vom Rad der Reinkarnationen).

B Nur Teilreinigung vollzogen: muß wieder reinkarniert, bzw. reanimiert werden (vergl. SIPA BARDO, Drang nach Wiederverkörperung). Aufgabe, Karma und Regie des neuen Lebens werden gewählt.

Diese Phasen der Transfiguration des ICH-BIN-Bewußtseins sind für mich Realitäten, können aber bei der Erfahrung des Umwandlungsprozesses zur Transzendenz als Denkmodell gebraucht werden.

Zum Beispiel:

— bei meditativer Vorbereitung auf den eigenen Tod
— bei psych. Therapie zur Überwindung der Todesangst
— bei der Ausbildung von Sterbebegleitungspersonal
— bei tiefenpsychologischer Forschung
— für die Entwicklung einer positiven Lebensphilosophie

— bei der Ausbildung von Ärzten, Krankenpflegepersonal, Therapeuten, Heilpraktikern
— bei der Ausbildung von Seelsorgern
— bei Lebensberatungen
usw.

In meinen verschiedenen Lebensschule-Seminaren oder Sterbebegleitungs-Workshops sind diese 12 Phasen als Studium integriert. Es sei auch erwähnt, daß die als „Entscheidung" bezeichnete Phase nicht zu den Todeserlebnissen gehört, sondern bereits ein Hinweis auf den postmortalen Zustand ist, den das ICH zwischen zwei Erdenleben erfährt.
Von einigen Wiederbelebten habe ich erfahren, daß sie den Lebensfilm nicht erlebt haben, weil sie sofort nach dem Austritt wiederbelebt wurden. Ich würde es lieber so formulieren, daß diese ICH's das Lebensfilm-Erlebnis noch nicht gebraucht haben. Die Austrittserlebnisse waren für sie genügend tief, um sie für eine Weiterentwicklung, eine Arbeit an sich selbst bis zur Vervollkommnung zu motivieren.
Es hat sich auch gezeigt, daß gewisse andere Phasen in den 12 genannten Zuständen im Bericht wiederbelebter Patienten nicht enthalten waren. Aber durch persönliche Gespräche hat sich herausgestellt, daß sie sie sehr wahrscheinlich doch erlebt hatten. Sie fehlten im Bericht, weil sie vergessen wurden oder nicht entsprechend formuliert werden konnten. Es ist für den wiederbelebten Patienten immer schwierig, das Erlebte festzuhalten, zu formulieren, mit Worten auszudrücken.
Das Wissen über diese verschiedenen Bewußtseins-Situationen ist meiner Meinung nach für die Vorbereitung des eigenen Sterbens sehr wichtig. Durch Studien und das Sich-Einfühlen in diese 12 Situationen, ist der Tod nicht mehr so fremd, er wird nicht mehr so gefürchtet und das erleichtert uns Menschen den Durchgang sehr. Das Wissen, wie es sein wird, löst die Angst vor dem Ungewissen auf. Der Mensch kann durch diese Vorbereitung einen großen Schritt in der Entwicklung des eigenen ICH's tun.

VIII. Gedanken über den Tod und Sterbebegleitung

Sterbeprozeß

Seit jeher haben sich die Menschen Gedanken gemacht über den Tod und das Sterben. In der Literatur, in der Malerei und Musik, aber auch in der traditionellen Wissenschaft, in der Medizin, Theologie und Philosophie findet dies seinen Ausdruck. Ich möchte aber erwähnen, daß die Aussagen der traditionellen Wissenschaften über Tod und Sterben sehr dürftig und unbefriedigend sind. Sie gehen fast immer nur bis zum Tod. Auch die jüngeren Wissenschaften wie Soziologie und Psychologie sind noch nicht tief genug in diese Problematik eingedrungen.
Seit nun Aussagen von Wiederbelebten bekannt geworden sind, hat eine neue Forschungsaktivität begonnen. Der heutige Mensch, der sich von dem im Mittelalter geprägten Todesbegriff langsam befreit, interessiert sich je länger je mehr für den Tod. Er stellt neue Fragen über das „wie, warum und wann" und verlangt eine wissenschaftlich erarbeitete Antwort.
Die Wissenschaft wird zwar nie in der Lage sein, die ganze Problematik des Todes aufzudecken, denn es handelt sich hier um den Menschen als Ganzheit, doch haben die Forschungen bereits wertvolle Gedanken erarbeitet, die uns für die Vorbereitung der letzten Stunden von uns selbst und anderen wertvolle Dienste leisten können.
Der biologische Tod ist eigentlich der Abschluß eines Vorbereitungsprozesses, welcher sich nicht nur im Körper vollzieht, sondern sich auf den ganzen Menschen mit den integrierten Seele/Geist-Substanzen ausdehnt. Der Sterbende durchläuft also langsam mehrere psychisch/geistige Phasen, die für die Sterbebegleitung von großer Wichtigkeit sind. Seit tausenden

von Jahren sind Gedanken über das Sterben erarbeitet und in die Praxis übernommen worden. Ägypter, alte mesopotamische Kulturen, die primitiven Völker in Polynesien, Afrika, Süd- und Nordamerika sowie die vielen verschiedenen Religionen haben sich ihre eigenen Vorstellungen über den Tod erarbeitet. Diese Gedanken, Ideen und Theorien haben zwar alle etwas Richtiges an sich, als endgültige Weisheit können wir aber keine annehmen.

Die thanatologischen Forscher versuchen, Anhaltspunkte für eine typische psychisch/geistige Verfassung des sterbenden Menschen zu erarbeiten, um den sich immer wieder ändernden Zustand des Patienten verstehen zu können.

Frau Dr. Elisabeth Kübler-Roß hat auf diesem Gebiet Pionierarbeit geleistet, indem sie den Sterbeprozeß studiert und das psychisch/geistige Verhalten analysiert hat. In ihrem Buch „Interviews mit Sterbenden" beschreibt sie die verschiedenen Phasen, die ein sterbender Mensch meist durchläuft. Beim einen ist eine Phase länger und die andere kürzer, je nach persönlicher Veranlagung.

Diese fünf Phasen sind:

1. Nicht-wahrhaben-wollen:
   Die Tatsache des bevorstehenden Todes wird bestritten, ungünstige Informationen werden zurückgewiesen.

2. Zorn und Auflehnung:
   Hadern mit dem eigenen Schicksal, aggressives Verhalten gegenüber Gesunden.

3. Verhandeln mit dem Schicksal:
   Versuch, durch Wohlverhalten einen Aufschub der Krankheit zu bewirken.

4. Depression:
   Einsicht, daß sich der Tod endgültig nähert.

5. Zustimmung:
   Erkenntnis, den Tod als Aufgabe und Hoffnung für eine weitere Existenz zu sehen.

Ich persönlich möchte noch eine 6. Phase hinzufügen:

6. Erfüllung = Euphorie:
Das ist jener glückliche Zustand, in dem der Sterbende das Gotteserlebnis erwartet.

Die große Frage lautet dann: Was passiert im Tod?
Die medizinische Antwort berücksichtigt nicht die Ganzheit des Menschen, sondern bezieht sich nur auf seinen Körper.
Die medizinischen Todesursachen sind z. B.: Unfall (Schock), Krankheit oder Altersschwäche. Dies sind Ursachen für den Herzstillstand. Danach tritt ein Oxygenmangel ein und damit beginnt der Absterbeprozeß. Dieser ist zu Ende, wenn der Stoffwechsel in der letzten noch lebenden Zelle aufgehört hat. Es ist sehr schwierig, die verschiedenen Phasen dieses Prozesses für den Menschen als Ganzheit, für die einzelnen Organgruppen, Organe, Zellgruppen und Zellen zu bestimmen.
Wie bereits erwähnt, kann der Tod nicht zu einem bestimmten Zeitpunkt definiert werden, sondern der lebendige Körper muß immer einen Absterbeprozeß durchlaufen. Dieser dauert vom Herzstillstand bis zu dem Zeitpunkt, an dem die Lebensenergie auch aus der letzten Zelle zurückgezogen wurde und auch diese „stirbt".
Die tibetanischen Meister haben — meiner Meinung nach — das Problem, das Mysterium des Todes am besten erfaßt und dargestellt. Auch C. G. Jung hat diese Auffassung sehr geschätzt und schrieb in seinem Beitrag zum Tibetanischen Totenbuch unter anderem: „. . . die Belehrungen sind dermaßen eingehend und den anscheinenden Zustandswandlungen des Toten angepaßt, daß sich jeder ernsthafte Leser die Frage stellt, ob nicht am Ende diese alten, lamaistischen Weisen doch einen Blick in die vierte Dimension getan und dabei einen Schleier von den großen Lebensgeheimnissen gelüftet hätten."
Es würde sich also lohnen, diese Aussagen sehr genau zu studieren und sie in unser wissenschaftliches Bild über Mensch und Tod einzubauen.

Es handelt sich vor allem um die verschiedenen Phasen des Abzuges der Lebensenergie und des Zustandes des ICH-Bewußtseins.

Die Tibetaner lehren uns, daß das ICH beim Tod alle Energien aus dem materiellen Leib (Erdenleib) zurückzieht. Deshalb sollte man meditativ, ruhig und mit Gottes Segen sterben. Die Tibetaner messen beim Sterben den vier Urelementen Feuer, Wasser, Erde und Luft große Bedeutung zu, aus welchen unser Leib zugeordnet ist.

Klara Stadlin schildert diesen Prozeß nach der tibetanischen Lehre wie folgt:

„1. Erde (wenn die Energien aus dem Element Erde zurückgezogen werden)

Äußere Zeichen: Die Bewegung der Glieder entgleiten langsam der Kontrolle, werden langsamer, unbeweglich, steif. Die Fähigkeit, die Augenlider zu bewegen, hört auf. Die Farbe der Haut verändert sich, Totenblässe tritt ein (Nasenspitze, Mundpartie).

Innerer Zustand: Der Sterbende hat das Gefühl, wie wenn er unter der Erde begraben würde. Die Augen verlieren die Fähigkeit, Farben und Dinge klar wahrzunehmen. Zu diesem Zeitpunkt soll man den Sterbenden ruhig liegen lassen, nicht mit Sprechen verwirren.

2. Wasser (wenn die Energien aus dem Element Wasser zurückgezogen werden)

Äußere Zeichen: Die Schleimhäute verlieren Feuchtigkeit, werden trockener, der Gehörsinn wird abgebaut.

Innerer Zustand: Der Sterbende nimmt die Umgebung wie eine Fata Morgana wahr. Gefühle können nicht mehr unterschieden werden. Gefühlsmäßig tritt ein neutraler Zustand ein. Die Wahrnehmung aller Laute verschwindet.

3. Feuer (wenn die Energien aus dem Element Feuer zurückgezogen werden)

Äußere Zeichen: Der Sterbende verliert den Tastsinn, Geruch- und Geschmacksinn. Die Zunge wird unbeweglich. Die Fähigkeit der Unterscheidung verliert sich. Der Sterbende kann seine Angehörigen nicht mehr erkennen. Die Kraft des Wollens wird abgebaut.

Innerer Zustand: Gedächtnis für Worte und Namen erlischt. Der Sterbende nimmt den Raum voll Rauch wahr.

4. Luft (wenn die Energien aus dem Element Luft zurückgezogen werden)

Äußere Zeichen: Atemrhythmus geht verloren. Schwierigkeiten mit der Atmung; Einatmen kurz — Ausatmen länger. Wenn sich die Energien des Luftelementes auf die Herzgegend zurückgezogen haben, hört der Atem auf und der Körper wird leblos wie ein Stein. Der Sterbende sieht nun aus wie ein Toter, da die Energien, die den Körper durchpulst hatten, zur Ruhe gekommen sind. Es bietet sich uns ein Bild der Ruhe und des Friedens.

Innerer Zustand: Der Sterbende sieht lauter Lichtfunken um sich.

Diese äußeren Zeichen und inneren Zustände fließen natürlich ineinander. Alle Energien, die die vier Elemente des Körpers belebten, sind nun im Herzzentrum konzentriert. Das Bewußtsein hat aber den Körper noch nicht verlassen. Nun werden die Energien aus den gröberen Aspekten des Bewußtseins nach innen zurückgezogen bis zu den feinsten, subtilsten Formen.

Während sich die Energien vom Wurzel-Mondchakra zum Herzchakra zurückziehen, nimmt der Mensch ein silbriges Licht wahr, als wenn der Mond den Himmel beleuchtet, selber aber verdeckt ist. Wenn sich die Kräfte vom Scheitelchakra zum Herzchakra zurückziehen, nimmt der Mensch ein rötliches Licht wahr, wie wenn die Sonne den Himmel beleuchtet, aber selber noch nicht sichtbar ist. Jetzt fließen in den Nadis — den Kanälen — keine Energien mehr und der Mensch kommt in den Zustand,

in dem er die Strahlung des klaren Lichtes reiner Wirklichkeit oder die große Leere wahrnehmen kann. Die Tibeter beteuern immer wieder, daß dieser Zustand, bewußt erlebt, die große Chance im Sterbeprozeß ist.
Menschen, die in der Meditation weit fortgeschritten sind, können durch Übung die Nadis leer machen und dadurch diesen Zustand erleben, ohne zu sterben.
Wenn beim Sterbenden dieses subtile Bewußtsein zum Vorschein gekommen ist, verschwindet es bei der geringsten Veränderung und der Bardo-Zustand beginnt."

Soweit also die tibetanische Auffassung.
In unserer Welt haben sich viele Menschen aus verschiedenen Epochen und Entwicklungsstufen, verschiedenen Nationen und verschiedenster Herkunft Gedanken über den Tod und dem, was nachher kommt, gemacht. Denken wir an die ägyptischen, kabbalistischen Überlieferungen, an die griechischen Philosophen, an die Mystiker des Christentums, an Heilige oder an große Wissenschaftler.
Ich bin der Auffassung, daß Menschen, die bereits klinisch tot waren und wiederbelebt wurden, die glaubwürdigsten Aussagen über den Zustand zwischen Herzstillstand (Herztod) und Hirntod machen können. Meine persönlichen Erlebnisse stimmen mit denen von mehreren tausend bisher registrierten und wissenschaftlich erforschten Aussagen überein. Sie können also als repräsentativ bezeichnet werden.
Einige Menschen beschreiben die von mir erlebten Phasen etwas anders. Gemeinsam aber ist, daß sie alle in der nachstehenden Reihenfolge durchlaufen werden:

1. Austrittserlebnis
   Es bedeutet die Befreiung von einem beängstigenden, bedrückenden Zustand. Viele Wiederbelebte berichten, daß sie durch einen Tunnel hindurchgehen müssen — analog dem Geburtserlebnis — bis sie zum Licht gelangen. Sie werden in die Richtung des Lichtes gezogen.

Die Sterbenden sollen deshalb darauf vorbereitet werden, einen eventuellen Angstzustand zu überwinden und sich in die Richtung des Lichtes zu konzentrieren. Sie sollen sich nicht mit der Dunkelheit befassen, sich nicht in ihr verirren, sondern das Licht als Ziel anstreben.

2. Im ausgetretenen Zustand fühlt sich der Sterbende erleichtert, erlöst, vom Körper befreit. Er hat keine Schmerzen mehr. Er erlangt sein Bewußtsein wieder — das er erst als Tagesbewußtsein identifiziert. Doch bald merkt er, daß dieses Bewußsein klarer und transparenter als vorher ist und spürt nun, daß er stirbt.

Der Sterbende soll darauf vorbereitet sein, daß das wiedererlangte Bewußtsein nicht das Tagesbewußtsein sein wird — damit er sein Sterben realisiert. Danach kann er durch das Tor des Todes gehen und bleibt nicht an den Grenzbereich der Erde gebunden.

3. Lichterlebnis

Dieses bringt das ICH-Bewußtsein in den glücklichen Zustand. Alle Wiederbelebten berichten von Glück, Harmonie, Ruhe, schönen Klängen, schönen Farberlebnissen und von einem alles überflutenden Licht. Viele identifizieren dieses Licht mit Gott. Auch ich ahnte in dieser Phase den All-Ewigen-Gott.

Der Sterbende soll mit seinem ganzen ICH-Bewußtsein dieses Licht erfassen und in sich aufnehmen.

4. Abschied von der Erde

Der Abschied erfolgt dadurch, daß man seinen Tod sieht und sich nach dem Lichterlebnis nicht mehr mit dem abgenützten und bereits leblosen Körper identifiziert. Man ist mit seinem ganzen ICH-Bewußtsein außerhalb und betrachtet seinen „ehemaligen" Körper ohne besonderes Interesse. Dies ist die Loslösung vom Irdischen.

Der Sterbende sollte darauf vorbereitet sein, damit er sich nicht mehr an den leblosen Körper klammert, daß er sich bewußt von ihm trennt, daß er sich nicht am Irdischen festhält, sondern sich loslöst und abwendet, um weiter in die Richtung des Lichtes gehen zu können.

5. Lebensfilm und Urteil
Das ist die nächste Stufe, die der Sterbende miterlebt. Hier ist die positive Aufnahme des Lebensfilmes das Wichtigste. Er soll sich über bestandene Prüfungen ehrlich freuen, aber ebenso gemachte Fehler erkennen und bereuen. Diese Reue öffnet ihm die Türe der Vergebung und Befreiung. Die Tibetaner bezeichnen diesen Zustand, der einem Traum gleicht, als Bardo-Zustand. Der Lebensfilm — bei positiver Aufnahme — ist die größte Schule des ICH.

6. Loslösung und Euphorie
Nach dieser „Erlösung" von den gemachten Fehlern kommt die endgültige Trennung vom Körper, d. h. der Hirntod tritt ein und die sogenannte Silberschnur zerreißt. Euphorie umgibt das bereits losgelöste ICH-Bewußtsein, welches ja nach den kosmischen Aufgaben in einen anderen Schwingungszustand hinüberwechselt. Ich beschrieb es folgendermaßen: „Die Schwingungen meines ICH fingen an, sich an die Schwingungen des Lichtes anzupassen . . ."

Diese Zustände und Stufen, die wir alle durchleben werden, sollten in der Sterbebegleitung bewußt mit einbezogen sein. Das Wissen um das, was geschehen wird, befreit von Angst.
„Mit mir (mit meinem ICH) wird nichts passieren — ich werde in einer anderen Welt (Schwingungszustand) neu geboren werden", sollte zu unserer ehrlichen Überzeugung werden.

Thanatologie

Und nun noch einige Worte zur „Thanatologie". Sie ist eine neue Wissenschaft oder „die Lehre vom Tod". Man mag darüber geteilter Meinung sein, ob die von Roswell Park gefundene Bezeichnung gut ist. Immerhin hat sich der Begriff eingebürgert, und in den letzten Jahrzehnten wurden unter diesem Namen sehr intensive Diskussionen geführt sowie sorgfältige Forschungen betrieben, und zwar im biologischen, psychologischen, psychoanalytischen, parapsychologischen, medizinischen und auch theologischen Bereich. Sporadisch wurden schon ähnliche Gedanken geäußert: Der Tod nimmt in der Lehre Freud's eine zentrale Stellung ein. Ich zitiere nur einige seiner Arbeiten wie „Totem und Tabu", „Zeitgemäßes über Krieg und Tod", „Jenseits des Lustprinzips" usw. C. G. Jung hat auch — nachdem er selbst einen Herzstillstand überlebt und von denselben Erfahrungen berichtet hat — den Tod analysiert und in sein tiefenpsychologisches Gedankengut eingebaut. In den letzten vierzig Jahren sind einige Pionierarbeiten verschiedener Autoren erschienen, die sich ganz behutsam in den Bereich des Todes gewagt haben: Raoul Montandon „Das Geheimnis des Todes", Arthur Ford „Bericht vom Leben nach dem Tode", Ladislaus Boros „Mysterium Mortis", usw.

Nach mehreren wertvollen Vorstößen in dieser Richtung ist es Dr. Raymond Moody gelungen — ohne daß er dies vorher ahnte — in den USA einen Bestseller zu veröffentlichen und damit einen echten Durchbruch zu erzielen: „Life after life". Sein Buch wurde weltweit bekannt und in mehrere Sprachen übersetzt, und damit wurde das Problem natürlich immer aktueller.

Aber es war Dr. Elisabeth Kübler-Roß, die mit ihrer Arbeit „Interview mit Sterbenden" die Welt aufrüttelte.

Sie hat nicht nur wertvolle wissenschaftliche Bücher über das Phänomen Tod geschrieben, sondern diesen auch als Aufgabe erfaßt und versucht, dem Menschen die Sterbebegleitung als einen der schönsten Liebesdienste nahezubringen. Geburtshilfe und Sterbebegleitung sind im Grunde genommen ein und dasselbe. Die eine hilft einem ICH-Bewußtsein, in diese Welt zu inkarnieren und die andere hilft, diese materielle Existenz zu beenden und in einer neuen Welt, eine andere Existenz zu beginnen. Aus diesem Grunde sollten wir als gesunde Menschen ständig mit dem Gedanken des Todes leben.

Aber auch die praktische psychotherapeutische Arbeit ist

ununterbrochen mit dem Tod und der Problematik des Todes konfrontiert: Todesangst, Reaktionen vor dem Tod, Todeswunsch, Angst vor der Nacht, Lebensgefahr usw. Das sind enorme Probleme für den Sterbenden, weil der Mensch während des ganzen Lebens mit falschen Informationen über den Tod programmiert wird. In den letzten Tagen und Stunden braucht dann der Patient dringend Hilfe, mit der er die prämortale Zeit in harmonischem Zustand erleben kann. Die letzte Stunde, das letzte Stück eines langen Lebensweges — wenn die menschliche Individualität und dessen Schicksal in den Mittelpunkt gestellt werden sollen — verdient besonderes Interesse. Dieses zu erforschen ist Aufgabe der Thanatologie. Was während des klinisch toten Zustandes passiert, wissen wir bereits von Erlebnisberichten. Was aber nach dem Hirntod kommt, ist nur durch philosophisch/meditative Vorgänge zu erahnen.

Die psychotherapeutische oder religiöse Betreuung des Sterbenden sollte bestrebt sein, das seelische Leid auf dem letzten Stück des Weges zu lindern und dem Sterbenden bei der Enfaltung neuer Möglichkeiten seelischer Erfahrungen Beistand zu leisten.

Frau Dr. Kübler-Roß analysiert fünf Phasen, die die meisten Patienten in der prämortalen Zeit durchlaufen: von der ersten Auflehnung gegen den kommenden Tod bis zur vollständigen Hingabe.

Grundvoraussetzung dazu ist die Befreiung von einem einseitig, von biologisch-physiologischen Kategorien beherrschten Todesbegriff: Die Tatsache, daß der Tod als ein durch Funktionsstörungen verursachter Defekt, als Ergebnis geschädigter physiologischer Abläufe oder zerstörter morphologischer Strukturen angesehen wird, bildet eines der größten Hindernisse für die Erfassung des Todesproblems.

Eißler geht in seiner „Psychologie des Todes" von der Grundvoraussetzung aus, daß der Tod immer auch ein psychologisches Ereignis ist, das in der Lebensgeschichte des Menschen begründet und in hohem Maße der Individuation zugänglich ist. „Weil hinter dem Tod die stärkste biologische Kraft des menschlichen Universums steht und weil das Ich ihm am wenigsten gewachsen ist, bildet der Tod die größte Herausforderung und damit vielleicht einen einzigen großen Anlaß, bei dem die Individualität sich zu ihrer differenziertesten Gestalt aufschwingen kann". Der Tod kann ebensowenig wie andere Grundereignisse des Lebens unberührt von der sich ihm stellenden Individualität gesehen werden.

Wenn für uns der Zeitpunkt des Sterbens kommt, drängt sich die Frage auf: Wie soll ich sterben? Oder soll ich bis aufs Letzte für das Leben kämpfen? Sind lebensverlängernde Maßnahmen für den Sterbenden in jedem Fall von Vorteil? Ich glaube — wenn ich meine Erfahrungen analysiere und auswerte, muß ich NEIN sagen. Zwischen Zusammenstoß und Herzstillstand war ich bewußtlos . . . keine Empfindungen, keine Wahrnehmungsmöglichkeiten, kein Zeitbegriff . . . eine völlige Leere.

Ob dieser Zustand eine Sekunde, eine Stunde, einen Tag oder ein Jahr dauert, ist für den Sterbenden bedeutungslos. Er merkt es gar nicht, daß er in einer Intensivstation an hochmodernen, technisch vollkommenen Apparaturen angeschlossen ist . . . Sein ICH-Bewußtsein ist ausgeschaltet. Deshalb kann er nicht denken und mit Verantwortung Entscheidungen treffen — was jedoch charakteristische Manifestationen des ICH sind. Die biologisch-vegetative Verlängerung des Lebens nützt ihm gar nichts. Diese Manipulation ist kostspielig und nutzlos, falls keine Hoffnung auf Genesung besteht. Deshalb JA zur Intensivstation als Überbrückungsmaßnahme zur Genesung, jedoch NEIN als bloße vegetative Lebensverlängerung.

Wir haben in der letzten Vergangenheit erlebt, daß Intensivstationen eine politisch wichtige Bedeutung hatten, z. B. in den Fällen der Diktatoren wie Franco und Tito. Sie mußten vegetativ „leben", bis die Nachfolge ausgespielt war . . . Als diese gesichert war, gaben die Nachfolger den Ärzten die Erlaubnis, die Apparate auszuschalten . . .

Ist das ein menschenwürdiger Tod?

Man verlangt einen menschenwürdigen, individuellen Tod, was aber ist ein menschenwürdiger Tod?

Der Sterbende braucht eine individuell motivierte Hilfe. Er sollte zur Erkenntnis geführt werden, daß sich neue Türen für ihn öffnen werden und seinem ICH nichts geschieht. Dann kann er sich zuversichtlich dem Tod hingeben und dadurch den Übergang, die Ummodulation erleichtern. Hingabe und eine positive Aufnahme des Lebensfilms als größte Lehre zur Selbsterkenntnis werden ihm den Individuations-Prozeß des eigenen ICH ermöglichen und dadurch die Voraussetzung der geistigen Entwicklung — als Ziel des erloschenen Erdenlebens — sicherstellen.

Der Tod als Einweihung

Wir sollten uns auf den Tod vorbereiten, d. h. ihn nicht ablehnen, sondern als ZIEL unseres Lebens betrachten. Der kommende Tod ist die größte Herausforderung des Lebens, der wir mit völliger Hingabe begegnen sollen. Im Tod ist der Lebensfilm die größte Entwicklungsstufe des Individuations-Prozesses. Dort hat das ICH noch eine einmalige Chance, sich mit sich selbst auseinanderzusetzen, seine Individualität weiterzuentwickeln und sich dadurch aufzuschwingen. Damit ist der Tod eine persönliche Aufgabe am Ende eines irdischen Daseins. Wir sollen also bewußt immer daran denken, während wir uns im Alltag mit Problemen beschäftigen.

Wie werde ich beurteilt? — sollte die sich immer wiederholende Frage sein und bleiben.

Der Tod ist eine richtige „Einweihung", wie wir sie in so vielen Kulten, Riten, in mystischen und esoterischen Gruppen wiederfinden:

„Sterben, austreten, alles Irdische ablegen, sich sublimieren, die eigene geistige Identität finden, durch Entfaltung, durch Bewußtseinserweiterung den eigenen individuellen Weg zur Erkenntnis der Wahrheit erkennen, dadurch den Tod, die

Auferstehung mit veränderten inneren Strukturen erwirken und dann so wieder in die Welt zurückkehren."
Wir sollen nicht um die „Toten" trauern, sondern uns freuen, daß sie von Gott abberufen wurden, da ihr Leben erfüllt war. Mitleid dagegen ist für die Hinterbliebenen am Platz, weil sie eine gute Seele als Stütze verloren haben. Unsere karmische Aufgabe ist es, das Leben selber zu bestehen.
Ich persönlich bin glücklich, daß ich diesen schrecklichen Unfall, trotz der vielen Schmerzen, trotz der Behinderung, dem Verlust von vielen materiellen Gütern, dem Zusammenbruch meiner irdischen Karriere erleben durfte, weil mir damit die Möglichkeit der inneren Entwicklung gegeben wurde.
Nicht alle Menschen können Erleuchtung durch Tod und Wiederbelebung = Auferstehung erlangen. Wir müssen die Aussagen der Wiederbelebten genau studieren und uns selbst in den Zustand des Todes versetzen (während tiefer Gedanken, in Meditation und Gebet), uns den eigenen Lebensfilm vorstellen, Gewissensforschung üben und so quasi eine Generalprobe durchexerzieren, damit wir zur Selbsterkenntnis gelangen. Sicher kommt dann in stillen Stunden eine Idee, eine Intuition, die uns einen neuen Weg der Selbstverwirklichung und Selbstentwicklung zeigt. Dadurch wird der Tod oder die Vorstellung des Todes eine dramatische EINWEIHUNG: „Durch den eigenen vorgestellten Tod in ein neues, wertvolleres Leben!"
Ist dieser Prozeß nicht eine Einweihung — eine Veredelung? Denken wir daran, daß wir alle durch die INNERE STIMME, durch unser Überselbst direkte Impulse erhalten können . . . für den Tod, und bis dahin fürs Leben!

Sterbebegleitung

Was sind die besten Hilfen für das Sterben?
Die beste Vorbereitung auf das Sterben ist: richtig zu leben. Damit ist der Tod ins Alltagsleben miteinbezogen, er ist nicht fremd und schrecklich, sondern das Ziel des Lebens.

In diesem Sinne ist denn auch die Sterbebegleitung von großer Wichtigkeit. Der Sterbende soll motiviert werden, sich von der materiellen Welt und irdischen Problemen lösen zu können und sich auf den Übergang vorzubereiten.

Beim Tod, d. h. bei der Geburt in „höhere Sphären" geschieht mit dem Mensch vieles, was wir nicht wissen. Die tibetanischen Mönche studieren vom 28. bis 35. Lebensjahr = 7 Jahre lang intensiv das Problem des Todes. Dann sind sie vorbereitet, wissend und fürchten sich nicht mehr davor. Mit anderen Worten: dann sind sie fähig, im Tod die große Chance zur Menschwerdung zu erkennen und zu vollziehen. Dann können sie den Tod als Einweihung erleben und sich vom Zwang der Reinkarnation befreien. Nach der tibetanischen Lehre besteht diese Möglichkeit.

Wir müssen uns auf den Tod vorbereiten. Es ist eine schwierige Aufgabe für einen Menschen, der jahrzehntelang in der materiellen Leistungsgesellschaft gelebt und sich behauptet hat, dieses Pensum in der kurzen Zeit vor seinem Tode zu bewältigen. Sich SELBST finden, in HARMONIE mit dem Kosmos und in HINGABE zu Gott, das ist in jenem Augenblick das Entscheidende, es ist unsere individuelle Aufgabe im Tod.

Wenn wir nun fragen: „Wie kann man dem Sterbenden einen individuellen Tod ermöglichen?", wird es sehr schwierig, eine Antwort zu finden. Wenn ein Mensch um seine individuelle Menschwerdung ringt, gibt es keine Regeln und keine Anweisungen. Bedürfnisse und Hilfeleistungen können nur intuitiv erfaßt werden.

Ich habe viel über dieses Problem nachgedacht und mich in die Lage Sterbender versetzt. Das Grundprinzip lautet: Das ICH existiert weiter, die Persönlichkeit wird nicht geändert. Es erfolgt nur eine Ummodulation, ein Austritt, d. h. der Körper wird verlassen.

„Liebe hat viele Gesichter" S. v. J.

Meine persönlichen Grundgedanken dazu:

— Erstes Prinzip: LIEBE WALTEN LASSEN:
  Weil die Liebe die größte Kraft ist, soll bei Sterbenden alles im Zeichen der Liebe geschehen. Der Sterbende soll fühlen, daß er nicht allein ist, daß er umsorgt wird, daß er mit Liebe umgeben, ja eingebettet ist.

— Zweites Prinzip: GEBORGENHEIT ERMÖGLICHEN:
  Sterbende sollen sich geborgen fühlen, Nestwärme spüren.

— Drittes Prinzip: BEGLEITUNG ANBIETEN:
  Der Sterbende soll spüren, daß er von liebenswürdigen, selbstlosen Menschen begleitet wird, die ihm in jeder Hinsicht Hilfe leisten wollen und werden.
— Viertes Prinzip: INDIVIDUALITÄT RESPEKTIEREN:
  Der Sterbende hat den großen Auftrag, durch Selbsterkenntnis den Individuationsprozeß, die Menschwerdung zu vollziehen. Es ist eine ganz persönliche, individuelle Aufgabe. Der Sterbende soll in dieser wichtigen Phase seines Lebens die Individualität, die Persönlichkeit behalten können. Dementsprechend sollte man also seinen Tod, die Ummodulation und sein Aufschwingen individuell gestalten.
— Fünftes Prinzip:
  HILFE BEI ERLEDIGUNG IRDISCHER PROBLEME:
  Da der Sterbende weiß, daß er aus diesem Leben scheiden wird, will er sehr wahrscheinlich noch unerledigte Dinge in Ordnung bringen. Die Erledigung dieser pendenten Angelegenheiten erleichtern und befreien ihn.
— Sechstes Prinzip:
  DIE GEISTIGE ENTWICKLUNG, DIE VERGEISTIGUNG DES STERBENDEN ERMÖGLICHEN UND ERLEICHTERN:
  In der letzten Phase des menschlichen Lebens wird der geistige Aspekt am wichtigsten, denn das ICH-Bewußtsein will alles geistig sublimieren.

* * *

Entsprechend diesen Grundprinzipien sind also für die praktische Gestaltung des Todes, so glaube ich, folgende Gedanken wichtig:

1. Freie Arztwahl: Der Sterbende soll Vertrauen haben können in seinen Arzt, der seinen Körper in der letzten Phase des Zusammenseins von Körper und Seele/Geist betreut.

2. Freie Wahl des Seelsorgers: der Sterbende will wahrscheinlich seine seelisch/geistigen Probleme mit einer Vertrauensperson besprechen. Dieses kann ein Verwandter, Freund oder eben ein freiwilliger Helfer sein, der für Sterbebegleitung fähig ist.

3. Freie Wahl des Sterbeortes: Wenn immer möglich, sollte der Sterbende wählen können, ob er zu Hause, im Kreise seiner Familie oder im Krankenhaus sterben möchte.

4. Liebevolle Betreuung: Da in diesen letzten Phasen das Körperlich-Biologische immer mehr an Wichtigkeit zugunsten des Seelischen und danach des Geistigen verliert, sind die emotionellen und spirituellen Aspekte zu berücksichtigen. Eine fachmännisch-medizinisch perfekte Betreuung ist oft weniger wichtig als die Liebe der Familienangehörigen zu Hause.

5. Angenehme Umgebung: Es ist wichtig, daß der Sterbende in einer für ihn angenehmen Umgebung sein kann. Einmal wünscht er vielleicht Licht, dann wieder Halbdunkel, einmal leichte Musik, dann wieder Stille, einmal ist es zu heiß, dann zu kalt usw. Hauptsache ist, daß sich der Patient in die ihm angenehme Umgebung integrieren kann und die Umwelt auf ihn nicht als Störfaktor wirkt.

6. Die Wünsche des Sterbenden sollen erfüllt werden: Er fühlt je länger je mehr, daß sein Körper nicht mehr so wichtig ist und reduziert sich deshalb selbst biologisch. Wir müssen diese Tatsache akzeptieren und beim Essen und Trinken seine Wünsche berücksichtigen, ihn also nicht zum Essen zwingen. Wir geben ihm also auch Leckerbissen, die er sich wünscht, auch wenn sie medizinisch nicht unbedingt empfehlenswert sind.

7. Bedingungslose Liebe walten lassen: Der Sterbende soll unsere Liebe fühlen. Liebevolle Worte, Handhalten, Streicheln, Zuhören was er sagt, oder auch nur anwesend sein,

sind sehr wichtige Aspekte, die sein SEIN beeinflussen. Mit solchem „background" wird es für ihn leichter, sich mit seinen wichtigsten Problemen, der Gewissenserforschung usw. auseinanderzusetzen. Alle Zeichen der Liebe sind wichtig für ihn.

8. Freude bereiten: Mit einer Geste, einem Wort, mit positiven Gedanken und liebevollen Taten können wir dem Sterbenden Freude bereiten. Mit viel Einfühlungsvermögen können wir seine Bedürfnisse erspüren.

9. Hilfe, um irdische Probleme zu erledigen: Menschen, die sich dem Tode nahe fühlen wünschen oft, noch wichtige Probleme erledigen zu können. Sie beschäftigen sich mit Erbschaft, Schulden, Testamentsänderungen, Nachrichtenübermittlungen, Grüßen, Verteilen von Ratschlägen usw. Sie möchten reinen Tisch machen, um von der materiellen Seite der Welt keine Last der nicht erledigten Probleme zu spüren. Man soll ihnen dabei behilflich sein und so viel wie möglich erleichtern.

10. Letzte Wünsche erfüllen: Wir können solche evtl. aus ihm herauslocken und sie ihm so gut als möglich erfüllen. Ich selber hatte in den ersten Tagen nach der Wiederbelebung und noch im Halbbewußtsein ganz verrückte Wünsche. Ich wollte z. B. ein Glas Wein „Lagrimae Christi" trinken, den ich noch nie zuvor gekostet hatte. Man sehnt sich nach einem Musikstück, einer Frucht, einem Gedicht oder einem Bild, oder auch nach einer Information von der Welt. All diese Dinge geben dem Patienten Zufriedenheit.

11. Die Möglichkeit des Abschiednehmens von geliebten Menschen soll ermöglicht werden. Die Verwandten, Freunde und sonstigen gerufenen Personen sollen den Sterbenden liebevoll besuchen dürfen. Meistens ist es für den Kranken eine Erleichterung, eine Befriedigung, diesen Personen noch einmal zu begegnen und ihnen direkt oder indirekt, ausge-

sprochen oder symbolisch, für die entgegengebrachte Liebe Dank sagen zu können.

12. Aussöhnung ermöglichen: In der Phase des Sterbens möchte sich der Mensch oft noch mit seinen Feinden aussöhnen können. Er möchte sich von der drückenden Last der negativen Aspekte befreien: Neid, Haß, Habsucht usw. und sich bei den Menschen, denen er etwas angetan hat, entschuldigen. Er wünscht oft auch denen, die ihm Schmerz, Leid, Ungerechtigkeit, Verluste usw. angetan haben, zu verzeihen. Diese Entlastung ist sehr wichtig und hilft zum Aufschwingen im Tod, zur Reue beim Lebensfilm.

13. Schmerzen lindern: Wir sollen seine Schmerzen so gut als möglich lindern, ihn aber nicht betäuben. Starke Schmerzen sind eine Barriere, die die geistige Beruhigung erschweren — aber der Schmerz hat auch eine Bedeutung. Das Ertragen von Schmerzen ist eine Aufgabe vor dem Tod. Geduld — Hingabe — sich vom Körper abwenden — den Schmerz sublimieren, das alles sind Mittel zur geistigen Entwicklung. Aus diesem Grunde soll der Patient möglichst nicht betäubt werden, denn dann ist ihm diese Chance genommen.

14. Überwindung der Hilflosigkeit und Abhängigkeit: Es ist für einen Menschen, der bisher kräftig, aktiv und selbständig war, eine schwere Prüfung, seine Schwäche zu akzeptieren. Diese oft als erniedrigend empfundene Situation soll mit liebevollem Verständnis überbrückt werden.

15. Einsamkeit: Sie ist oft angsterregend für den Sterbenden, weshalb man ihn dann nicht verlassen sollte. Sie ist jedoch auch manchmal vom Sterbenden erwünscht, je nach der seelisch/geistigen Stufe, die er erreicht hat. Man soll sich also bemühen, seine diesbezüglichen Wünsche zu berücksichtigen.

16. Zuhören können ist oft eine der wichtigsten Hilfen. Der Sterbende erreicht oft einen Punkt, an dem er seine Seele öffnet und dann reden will. Er möchte einem Menschen vielleicht noch etwas mitteilen und sich damit erleichtern. Durch liebevolles Zuhören ermöglichen wir dem Patienten, sich noch mehr zu öffnen und sich vielleicht von Lasten, vom Druck der Vergangenheit zu befreien. Oft ist eine solche Aussage wie eine Lebensbeichte, der das Gefühl der göttlichen Vergebung folgt.

17. Meditation und Gebet: Da die meisten Menschen im Alltag weder beten noch meditieren, benutzen sie nicht die direkte Verbindung mit dem Göttlichen. Jetzt spüren sie jedoch den Mangel und möchten beten, aber sie wissen nicht wie. Es ist eine sehr wichtige Aufgabe, dem Sterbenden das einfache Beten zu zeigen oder mit ihm zusammen zu beten.

18. Die Aufklärung über das, was im Tod mit ihm passieren wird, ist für den Sterbenden sehr wichtig. Er soll wissen, daß sein ICH austritt und ihm neue Türen geöffnet werden. Er braucht keine Angst zu haben, da er in eine neue Welt „schlüpfen" und dort neu geboren werden wird. Er soll das Austreten als Endziel betrachten und sich darauf vorbereiten. Gebet und Meditation sind große Hilfen dafür.

Beim Todeseintritt wird das ICH des Sterbenden austreten und im „out-of-body"-Zustand alles wahrnehmen, was mit dem verlassenen Körper passiert. Weil auch die Gedanken wahrnehmbare Realitäten sind, dürfen wir uns nur mit positiven Gedanken beschäftigen. Wir können selbstlos für ihn beten, liebevoll an ihn denken, uns darüber freuen, daß er jetzt seinen Individuations-Prozeß vollziehen kann.
Alle diese Gedanken werden vom ausgetretenen ICH-Bewußtsein wahrgenommen und es wird sich darüber freuen.

Zusammengefaßt: Der Sterbende braucht eine individuell motivierte Hilfe, die es ihm ermöglicht, die Ummodulation, das Austreten als Ziel zu akzeptieren und sich für die „Einweihung", welche durch den Lebensfilm geboten wird, vorzubereiten.
Wenn er fähig wird, so zu denken, wird ihm das Verlassen dieser Welt, das Ablegen des bisher benützten und abgenützten Körpers erleichtert und er kann den kommenden Tod gut vorbereitet, wie Franz von Assissi, als „Bruder", begrüßen. Es ist schön, wie Franz von Assissi im tiefen Mittelalter, als der Sensenmann noch sehr gefürchtet wurde, sagen konnte:

"Bruder Tod, komm, ich bin bereit
mit Dir zu gehen . . ."

Wer ist fähig und geeignet, Sterbende zu begleiten?

Eigentlich sollte jeder Mensch fähig und bereit sein, einem Mitmenschen, sei es ein Verwandter oder ein Unbekannter, in der letzten Phase seines Lebens Hilfe und Stütze zu sein. Leider sind wir von diesem Idealzustand noch weit entfernt.
Der Tod wird uns allen einmal unwiderruflich begegnen und auch Menschen aus unserer Umgebung werden sterben. Deshalb ist es wichtig, sich ein paar grundsätzliche Fragen zu stellen:

— Wie stelle ich mir meinen eigenen Tod vor?
— Wie möchte ich sterben?
— Was erwarte ich von meiner Umgebung in der Zeit vor meinem Tod?
— Wie sollte ich mich selbst auf den Tod vorbereiten?

Wenn man über diese und ähnliche Fragen immer wieder nachdenkt, bekommt man eine positive Einstellung zum Tod. Diese Gedanken sind auch erste Schritte, die uns befähigen, Sterbende zu begleiten. Die alltägliche, materiell ausgerichtete Weltanschauung unserer Leistungsgesellschaft soll aufgegeben und einer Art von religiöser, metaphysischer Einstellung Platz gemacht werden. Der Mensch, der seinen Mitmenschen in der letzten Zeit eine echte Hilfe sein will, muß sich selbst dafür vorbereiten, d. h. er soll sich durch sein Unter- und Überbewußtsein zum unendlichen, absoluten, ursprünglichen All-Bewußtsein, zu Gott, öffnen. Erst dann kann er sich in die Situation des sterbenden Mitmenschen einfühlen, der im Begriff ist, sein ICH-Bewußtsein von der Erde abzuwenden, mit seiner Gefühlswelt abzurechnen, seine Gedanken von Unreinheiten zu befreien und sich für Gott zu öffnen. Man muß diesen Prozeß der Sublimation verstehen und mitvollziehen.

Wer also Sterbebegleitung ausüben will, muß deshalb folgende Voraussetzungen haben:

1. Er muß mit sich selbst im klaren sein. Er soll sich auf diese Aufgabe vorbereiten, indem er sein Innenleben bestmöglich in Ordnung bringt. Nur jemand, der nicht selbst großen inneren Spannungen ausgesetzt ist, kann sich gelöst dem Sterbenden widmen. Alltagszwang, Zeitdruck, Probleme, innere Unausgeglichenheit stimmen und programmieren uns Menschen, so daß wir nicht frei sind. Dieser Zustand erlaubt auch kaum eine selbstlose Haltung gegenüber Sterbenden. Denn diese sind ja gerade daran, an der Loslösung irdischer Probleme zu arbeiten.

2. Wer einen Sterbenden aus der materiellen, irdischen Welt in den höheren Schwingungsbereich begleiten will, muß selber von der Existenz solcher Sphären und von Gott überzeugt sein. Er wird zum Mittler, zum „Medium" des Überirdischen. Er kann für den Sterbenden zum Sprachrohr Gottes, zum strahlenden Zentrum der Liebe werden.

3. Der Begleiter kommt oft in die Situation, daß er selber nicht mehr weiß, wie er nun dem Sterbenden am besten helfen kann. Mit Bestimmtheit formulierte Ratschläge sind belanglos. Der Sterbende soll ein individuelles Erlebnis, eine persönliche Begegnung mit Gott erfahren dürfen. In einem solchen Moment weiß der Helfende vielleicht oft nicht, was

jetzt richtig ist. Er kann kein Buch konsultieren und sich nicht auf absolvierte Kurse beziehen, aber er kann beten: „Mein Gott, gib mir eine Idee, wie ich jetzt helfen kann, was ich jetzt für ihn tun kann . . ."

Oft kommt dann eine Eingebung, ein Gedanke oder ein Ratschlag durch unsere innere Stimme von IHM. Auch wenn die körperliche und seelische Beanspruchung für den Helfenden zu groß wird, gibt es nur eine Quelle, aus der man Kraft schöpfen kann: Gott.

4. Der Helfende soll sich auf den eigenen Tod vorbereiten. Er sollte bereit sein, selbst jeden Augenblick gehen zu können. Auf dem langen Weg, der zu diesem Ziel führt, macht man viele Erfahrungen, die man für die Sterbebegleitung nötig hat. Es ist deshalb sehr empfehlenswert, eine Generalprobe des eigenen Todes mit allen Details durchzuspielen. Dieses vorgestellte Erlebnis ist eine Schulung die es uns ermöglicht, uns in die Situation (körperlich — seelisch — geistig) des Sterbenden einzufühlen und ihm beizustehen.

5. „Liebe Deinen Nächsten wie Dich selbst", ist ein großartiger Gedanke, den uns Jesus geschenkt hat. Der Helfende soll also den Sterbenden lieben wie sich selbst. Ohne selbstlose Liebe geht's nicht. Wenn man an materiellen Interessen hängt, wenn man keine selbstlose innere Einstellung annehmen kann, ist es auch nicht möglich, das Richtige zu tun: Liebe auszustrahlen, Liebe zu geben. Denn die größte Hilfe für einen Sterbenden ist es, wenn er spüren kann, daß er mit Liebe begleitet wird.

Dr. Elisabeth Kübler-Roß bezeichnet es als „bedingungslose Liebe", die der Begleiter in sich aktivieren soll. Diese Liebe überwindet alle Schwierigkeiten, löst alle Probleme und ermöglicht eine harmonische, ja man kann sagen „überirdische" Stimmung (Schwingung), die den Sterbenden stützt und trägt.

Der Begleiter soll also ein Wegweiser sein. Und er muß geben können — das ist das Wichtigste.

6. Für die Aufgabe des Sterbebegleiters ist es auch nötig, das „Handwerk" zu lernen. Er sollte eine kurze, grundsätzliche Ausbildung in Krankenpflege absolvieren, obwohl diese eigentlich nicht unmittelbar zu seinen Aufgaben gehört. Es ergeben sich aber wohl öfter Situationen, in denen schnelles Handeln gefordert ist, dann sollte er sich auf ein wenig Fachkenntnis stützen können.

Hier möchte ich noch auf die heute sehr schwierige Situation des Sterbebegleiters hinweisen. Ärzte, Krankenschwestern, Pfleger, ja sogar Spitalseelsorger haben einen genau definierten Aufgabenkreis rund um den Patienten. Er basiert auf der Basis des Hippokratischen Eides: Kampf gegen die Krankheit, lindern des Schmerzes und verlängern des Lebens. Mit anderen Worten: Kampf gegen den Tod.

S. v. J.

Der Sterbebegleiter ist kein Konkurrent der oben erwähnten qualifizierten Fachleute im Spital oder zu Hause. Er übernimmt eine Aufgabe, die in den Pflichten der anderen nicht enthalten ist. Wenn bei einem Patienten die Heilung nicht mehr möglich ist, kann der Sterbebegleiter seine wertvolle Aufgabe übernehmen: Betreuung des Sterbenden und Gestaltung eines individuellen Todes, damit dieser auf seine eigene Art und Weise die Schwelle zur übermateriellen Existenz betreten kann.

Wir können somit die Sterbebegleitung folgendermaßen charakterisieren: Umgang mit Schwerkranken und Sterbenden, die die Individualität und Wahrhaftigkeit des Menschen in der Endphase seines irdischen Lebens zu fördern und zu bewahren versuchen. Die Vorbereitung auf die kommenden Erlebnisse im Tod und die Ausnützung dieser Erfahrungen für den Individuationsprozeß haben dabei eine zentrale Bedeutung.

IX. Schlußwort

Wenn ich über meine Erlebnisse nachdenke, wird mir klar, daß der Tod der größte Lehrmeister des Lebens ist. Im Tod, wo das ICH die materiellen Grenzen verliert, erfährt es die ewige Wirklichkeit, erkennt es sich selbst und relativiert seine Existenz.

Vom Tod lernt man, daß das Ziel des Lebens der Tod selbst ist. Ich möchte jedoch darauf hinweisen, daß damit der natürliche und nicht der von eigener Hand herbeigeführte Tod, sprich Selbstmord, gemeint ist. Unser Bestreben soll es sein, die Prüfungen, die uns in diesem Leben gestellt sind, zu bestehen, sie nicht zu umgehen, wie das bei Selbstmord der Fall wäre. Bestehen wir sie nicht oder gehen ihnen aus dem Weg, werden wir im nächsten Leben erneut mit ihnen konfrontiert. Deshalb sollten wir:

— Das eigene ICH mit allen positiven und negativen Eigenschaften bejahen;
— Das Leben als solches bejahen;
— Den Tod als Ziel des Lebens und als größte Schule des Lebens bejahen.

Um zu dieser positiven Einstellung zu gelangen, sollte man sich folgende Gedanken einprägen:

— Erkennen und bejahen der drei verschiedenen Bestandteile des Menschen:
  Körper und biologisches Leben;
  Seele und emotionales Leben;
  Geist und geistiges Leben.
— Erkennen, daß ein harmonisches Gleichgewicht anzustreben ist.
— Erkennen, daß das wahre ICH im geistigen Überbewußtsein ist und von dort Seele und Körper beherrschen kann.

- Durch Selbsterkenntnis die eigene Persönlichkeit erkennen.
- Erkennen der Hürden dieses Lebens, d. h. erkennen der uns in diesem Durchgang gestellten Aufgaben wie auch Schmerzen, Leid usw., ihnen mit positiven Gedanken begegnen und sie überwinden.
- Hilfe nicht bei anderen suchen, sondern Kraft nur von Gott, d. h. vom eigenen Überselbst holen.
- Das kosmische Harmoniegesetz der Liebe gegenüber den Mitmenschen immer walten lassen — ohne Egoismus. Die echte Liebe, die Liebe Christi, ist selbstlos und bedingungslos.

Papst Johannes Paul II. sagte am 30. 9. 1980 in Dublin:
„Die sittliche Norm des menschlichen Umgangs ist — wie Christus gepredigt hatte — die liebevolle Rücksichtnahme auf den Mitmenschen. Dies ist kein Hindernis auf dem Weg zur Selbstverwirklichung. Die menschliche Erfüllung findet man nicht in materiellen Gütern, sondern in der Liebe."
Nicht „Ich liebe Dich" sollte es heißen, sondern „Ti voglio bene", „Dir will ich Gutes".

- Man sollte auf jene innere Stimme hören, die intuitiv der beste Wegweiser ist.
- Man sollte die Entscheidungen bewußt fällen und dafür die Verantwortung tragen im Sinne:

ICH BIN EIN MENSCH,
ich habe die Kraft, gemäß Gottes Plan als Mensch
zu leben und einen Reifeprozeß durchzumachen.

Mein Vater sagte mir damals, was ich heute symbolisch als Lebensweisheit betrachte:

„Mein Sohn,
Du sollst als Mensch mit kaltem Kopf denken,
mit warmen Herzen fühlen
und mit sauberen Händen handeln."

Der Mensch und sein Zuhause.

X. Literaturverzeichnis

„Mein schönstes Erlebnis war mein Tod": Stefan von Jankovich. ESOTERA, Heft 1, Januar 1973, HERMANN BAUER KG., D-7800 Freiburg/Br.
„Ma plus belle expérience: La Mort": Stefan von Jankovich. ASTRAL, Nr. 262-263, Octobre — Novembre 1973. Red. 42, Rue Albert-Thomas, F-75010 Paris.
„Die Phantastische Wissenschaft": Peter Andreas / Caspar Kilian. Seiten 184—187. ECON-Verlag, Düsseldorf-Wien.
„Il piu interessante caso di bilocazione": Stefan von Jankovich. METAPSICHICA, Luglio—Dicembre 1973. Redazione: ing. dott. Ettore Mengoli, corso Firenze 8. I-16136 Genova.
„Sterben ist doch ganz anders": Johann Christoph Hampe. (Mehrere Zitate). KREUZ VERLAG, Stuttgart — Berlin.
„La Piu Bela Esperienza Della Mia Vita E Stata La Mia Morte": Stefan von Jankovich, LUCE E OMBRA, Rivista, Gennaio—Dicembre 1976. Editrice: LUCE E OMBRA, Via Leoncino 30, I-Verona.
„Der Mann, der aus dem Jenseits zurückkam": Marcel Bergmann. BILD+FUNK. 5.—11. Februar 1977, und 12.—18. Februar 1977. BURDA GmbH., Arnulfstraße 197, D-8000 München.
„Das Schöne Sterben", Erlebnisse im Grenzbereich des Todes. DER SPIEGEL, 31. Jahrgang Nr. 26+27, 1977. SPIEGEL-Verlag, Postfach 110420, D-2000 Hamburg 11.
„Seit meinem Tod bin ich ein anderer Mensch": Ingeborg Lieret. ADAC-Motorwelt, Juli 1977, Nr. 7. ADAC, Baumgartnerstraße 53, D-8000 München.
„Aki visszajött a halàlbol", Redaktion. Art. NEMZETÖR, 1977 Aprilis ho. NEMZETOR-Verlag, Postfach 70, D-8000 München 34.
„Das schöne Sterben", gekürzt, Art. vom SPIEGEL, 2. November 1977. Redaktion: Schöntalstraße 25/27. Postfach, 8036 Zürich.
„Die Erforschung des Sterbens": Martin Ebon. ESOTERA Nr. 12, Dezember 1977 und Nr. 1, Januar 1978.
„Wir werden leben auch wenn wir sterben": Ernst Häckel. Seiten 82—86. TURM-Verlag, 7120 Bietigheim.
„Jenseits von Einstein": Peter Andreas. Seiten 179—191. ECON-Verlag, Düsseldorf — Wien.
„Erfahrungen während des klinisch-toten Zustandes": Stefan von Jankovich. IMAGO MUNDI: Fortleben nach dem Tode. Band VII, RESCH-Verlag, A-Innsbruck, 1980.
„La strana vicenda capitata all'architetto Stefan von Jankovich": Paola Giovetti. GLI ARCANI, Rivista Anno VII. Dicembre 1978.
„Streit um Beweis", Red. Artikel. ESOTERA, Nr. 10, Oktober 1978. HERMANN BAUER KG., D-7800 Freiburg/Br.

„Eravamo clinicamente morti e siamo scivolati nell'Aldila": Renzo Allegri. Rivista GENTE, 11 maggio 1979. Nr. 19.

„Es liegt an uns. Gespräche auf der Suche nach Sinn": Ulrich Hommes. Seiten 112–118. HERDERBÜCHEREI, Nr. 848. HERDER-Verlag, D-Freiburg/Br.

„Erfahrungen während des klinisch-toten Zustandes": Stefan von Jankovich. HOMO HARMONICUS, Hönggerstraße 142, 8037 Zürich. c/o Jankovich.

„Der Tod ist nur ein Zwischenspiel", Red. Art. 7 TAGE, Wochenzeitschrift Nr. 3, 1980. W. W. Ed. Klambt KG, Verlag Pressehaus. Postfach 1545, D-6720 Speyer.

„Esperienze durante la morte clinica — Intervista con l'arch. Stefan von Jankovich": Paola Giovetti. Rivist. LUCE E OMBRA, Nr. 2, Aprile–Giugno 1979.

Gedanken über das Problem DER MENSCH nach erlebtem klinisch-toten Zustand": Stefan von Jankovich. HOMO HARMONICUS, Band II. Hönggerstraße 142, 8037 Zürich. c/o Jankovich.

„Ihmeiden aika on aina": Irma Weisen. KIRJAYHTHMA-Verlag, Helsinki/Finnland.

„Death . . . and after?": Milan Ryzl. Seiten 190–200, „My death was the most beautiful experience in my life": Report by Stefan, von Jankovich. Copyright by Dr. M. Ryzl. P.O. Box 9459. Westgate Station. San José, California 95157, USA.

„Ich erlebte den klinischen Tod": Stefan von Jankovich, SARNER SCHWESTER Nr. 7/1981, Seite 5. Redaktion: Sennhüttestraße 3, 8805 Richterswil. c/o A. Schiltknecht-Laube.

„Qualcuno é tornato": Paola Giovetti. Seiten 104–109. „Il caso Stefan von Jankovich." ARMENIA EDITORE. V. le Ca' Granda 2. I-Milano.

„Der Tod und was danach kommt": Dr. Milan Ryzl. Seiten 217–227. Mein schönstes Erlebnis war mein Tod" von Stefan von Jankovich. ARISTON-Verlag, Genf 1981.

„Leben und Tod": Stefan von Jankovich. HOMO HARMONICUS, Band III. Hönggerstraße 142, 8037 Zürich.